연탄길 두 번째

© 생명의말씀사 2016

2016년 8월 29일 1판 1쇄 발행
2024년 11월 29일   5쇄 발행

펴낸이 | 김창영
펴낸곳 | 생명의말씀사

등록 | 1962. 1. 10. No.300-1962-1
주소 | 서울시 종로구 경희궁1길 5-9(03176)
전화 | 02)738-6555(본사) · 02)3159-7979(영업)
팩스 | 02)739-3824(본사) · 080-022-8585(영업)

글, 그림 | 이철환

기획편집 | 서정희, 김세나
디자인 | 박소정, 조현진
인쇄 | 냉진문원
제본 | 다인바인텍

ISBN 978-89-04-16558-2 (04230)
ISBN 978-89-04-70027-1 (세트)

저작권자의 허락없이 이 책의 일부 또는 전체를
무단 복제, 전재, 발췌하면 저작권법에 의해 처벌을 받습니다.

연탄길

/ 두 번째

이철환 글 그림

생명의말씀사

연탄

나를 전부라도 태워,
님의 시린 손 녹여줄 따스한 사랑이 되고 싶었습니다.
그리움으로 충혈된 눈 파랗게 비비며,
님의 추운 겨울을 지켜드리고 싶었습니다.
그리고 함박눈 펑펑 내리는 날,
님께서 걸어가실 가파른 길 위에 누워,
눈보다 더 하얀 사랑이 되고 싶었습니다.

작가의 말

'어둠의 빛'을 노래하다

〈연탄길〉이 사랑받는 이유

　〈연탄길〉이 나온 지 16년이 넘었습니다. 이토록 오랜 시간 동안 독자들의 한결 같은 사랑을 받는다는 것은 결코 쉽지 않은 일입니다. 〈연탄길〉이 받은 사랑은 독자들의 사랑이 있었기에 가능한 일이었습니다. 이 책이 이토록 오랜 시간 동안 사랑받는 이유가 무엇일까, 저자로써 생각하지 않을 수 없었습니다. 확신할 순 없지만 저에게 메일을 보내오는 많은 독자들의 이야기를 요약해보면 짐작은 가능했습니다. 독자들이 말해준 공통점은 〈연탄길〉을 읽으며 마음의 치유를 받았다는 것입니다. 독자들의 말처럼 마음을 치유하는 힘이 있다는 것이 〈연탄길〉이 오랫동안 사랑받은 이유일지도 모릅니다.

절망적인 상황 속에서도 희망을 찾아가는 〈연탄길〉 주인공들의 모습을 통해 다시 일어설 수 있는 용기를 얻었다고 말해주는 독자들이 많았습니다. 죽음을 결심하고 있다가 〈연탄길〉을 읽고 나서 마음을 돌이켜 다시 삶의 의지를 갖게 되었다고 말해준 독자도 여러 명 있었습니다. 학교를 그만두고 가출해 지방의 음식점에서 배달 일을 하며 지냈던 고등학생이 자신이 일하는 음식점 구석방에서 우연히 〈연탄길〉을 읽고 나서 마음을 돌이켜 집으로 돌아갔다는 편지를 받은 적도 있습니다. 〈연탄길〉에 나오는 주인공들을 통해 저 또한 많은 위로를 받았습니다.

〈연탄길〉이 오랫동안 사랑받은 또 하나의 이유가 있다면, 책 속의 이야기들이 모두 실화이기 때문일 것입니다. 오랜 시간에 걸쳐 이야기 속 주인공들을 만났고, 인터뷰를 통해 그들이 들려준 이야기들을 토대로 〈연탄길〉을 썼습니다. 마음속에 있는 기쁨과 슬픔을 제게 들려주시고, 이야기로 쓰는 것을 허락해 주신 〈연탄길〉 주인공 분들께 감사드립니다.

〈연탄길〉 속엔 저의 이야기도 여러 개 들어있습니다. 저의 개인적인 기쁨과 슬픔 또한 사람 살아가는 이야기일 테니 용기를 내어 넣을 수 있었습니다. 이야기 속 인물의 이름을 제 이름 그대로 쓰는 것이 어색해 다른 이름으로 썼습니다. 독자들의 양해 부탁드립니다.

〈연탄길 1, 2, 3〉 개정판 작업의 주요 과정

이번 개정판을 출간하면서 기존의 책에서 꽤 많은 원고를 빼냈고 꽤 많은 원고를 새로 넣었습니다. 굳이 밝히자면 세월의 흐름 속에서 조금은 진부해졌다고 생각되는 18꼭지를 빼냈고 34꼭지를 새로 넣었습니다. 새로 넣은 원고의 분량은 웬만한 책 한 권 분량입니다. 이번에 새로 넣은 원고 중엔 처음 발표하는 꼭지도 있고 오래전에 발표했던 꼭지도 있습니다.

기존의 책에 담겨 있던 그림들은 모두 빼냈고 〈연탄길 1, 2, 3〉 각 권마다 24장씩, 모두 72장의 그림을 새로 그려 넣었습니다. 최근에 출간된 3권의 책에 실려 있는 많은 그림도 제가 모두 그렸으니 〈연탄길 1, 2, 3〉권의 그림 작업이 전혀 새삼스러운 일은 아니었습니다. 더욱이 2000년에 발행된 〈연탄길 1권〉 초판본에 실려 있는 32장의 그림도 모두 제가 그린 그림입니다. 글 쓰는 사람이 왜 그림까지 그렸을까 생각하는 독자들이 있을지도 모르겠네요. 글을 쓴 사람만이 그릴 수 있는 그림이 있다고 저는 믿고 있습니다. 글을 쓴 사람이 아니라면 아무리 그림을 잘 그린다고 해도 절대로 담아낼 수 없는 그림이 있다고 저는 생각합니다.

저는 아주 오래 전부터 그림을 그렸습니다. 어릴 적부터 제 꿈이 화가였기 때문입니다. 요사이 저는 제가 그린 몇 백 장의 그림을 강연 슬라이드로 만들어 전국을 다니며 '인문학' 강연을 하고 있습니다. 그런 까닭에 제가 가는 강연장은 제 그림의 전시장이기도 했습니다. 두 번의 그림 전시회를 열었고 6년 여 동안 유서 깊은 여러 잡지에 그림을 연재하기도 했습니다. 많은 분들이 저의 그림을 격려해 주었습니다. 제가 쓰는 글이 제가 그리는 그림의 세계를 확장시켜 줄 거라고 저는 믿고 있습니다. 반대로 제가 그리는 그림이 제가 쓰는 글의 세계를 확장시켜 줄 거라고 저는 믿고 있습니다.

〈연탄길 1, 2, 3〉권에 있는 제 그림을 보고 "컴퓨터로 그렸나요?"라고 묻는 사람들이 있었습니다. "컴퓨터로 그림을 그리는 방법도 모르고, 컴퓨터로 그림을 보정하는 방법도 모릅니다."라고 저는 대답했습니다. 혹시나 독자들 중에 같은 질문을 하실 분들이 있을지도 몰라 말씀드립니다.

내가 그림 속에 담고 싶었던 것

오랜 기간 동안 〈연탄길 1, 2, 3〉에 넣을 그림을 그렸습니다. 한 편의 노래가 될 수 있는 색과 색의 결합은 커다란 공룡 한 마리를 세밀화로 그리는 것 보다 어려웠지만 기쁨도 있었고 보람도 있었기에 감당할 수 있었습니다. 그림을 그리는 내내 지난 시간의 기쁨과 슬픔이 자꾸만 떠올랐습니다.

무엇보다 제 그림 작업에 가장 많은 영감을 준 것은 '인간의 영혼'과 '경이로운 자연'이었습니다. 또한 저에게 영감을 주었던 세 개의 빛나는 통길이 있습니다. 그것들 중 하나는 함민복 시인의 시집 제목 '모든 경계에는 꽃이 핀다'입니다. 모든 경계에서 비로소 꽃이 핀다는 의미가 참으로 절묘했습니다.

저에게 영감을 준 또 하나는 철학자 최진석의 '경계를 품다'입니다. "이것이 맞다." 혹은 "저것이 맞다."라고 확신하지 말고, '이것'과 '저것' 사이의 경계에 서서 짐승의 눈빛으로 그것들을 바라보아야 올바른 분별력을 가질 수 있다는 그의 메시지는 의미심장합니다. 우리 마음속에 무비판적으로 받아들인 누군가의 생각을 마치 내 생각처럼 착각하지 말라는 것입니다.

실제로 이번 그림 작업을 통해, 색과 색이 만나 아름다운 경계를 품는 장면을 보았습니다. 그림 속에서 바다가 보이고 강이 보이고 지평선이나 수평선이 보인다 해도 제가 그것을 그린 것은 아닙니다. 저의 관심은 오직 색과 색의 결합을 통해 의식의 지평을 넘어선 그 어떤 것을 그리고 싶었을 뿐입니다. 제가 그리고 싶었던 것은 기쁨과 슬픔의 경계, 빛과 어둠의 경계, 선과 악의 경계, 사랑과 미움의 경계였는지도 모릅니다. 우리의 삶은 기쁨과 슬픔을 통해 깊어진다는 믿음 때문입니다. 우리의 삶은 빛과 어둠을 통해, 선과 악을 통해, 사랑과 미움을 통해 더 깊어진다는 믿음 때문입니다. 오직 기쁨만으로 가득 찬 인생이 우리에게 무엇을 말해줄 수 있겠습니까? 누구를 미워해본 적도 없이 오직 사랑만으로 가득 찬 인생이 우리에게 무슨 깨달음을 줄 수 있겠습니까?

색은 마음을 치유하는 힘이 있다는 것은 누구나 알고 있는 사실입니다. 독자들이 제가 그린 그림들을 바라보며 '내면의 풍경'을 만나도 좋겠고 '자연의 풍경'을 만나도 좋겠습니다. 다만 제가 말하고 싶은 것은 있습니다. 저에게 있어 자연은 색을 공부하는 장소였을 뿐 궁극적으로 제가 그리고자 했던 것은 '내면의 풍경'이었다는 것입니다. 더 구체적으로 말씀드리면 인간과 세계 사이에 놓여 있는 '침묵의 독백' 같은 것들을 그리고 싶었습니다. 〈연탄길 1, 2, 3〉권에 들어가는 72장의 그림 속에 말로는 설명할 수 없는 '인간의 감정'을 표현해 보고 싶었습니다. 이를테면 거대한 세상 앞에 홀로 서야 하는 인간의 외로움이나, 내가 원하는 것과 세상이 원하는 것이 일치하지 않을 때 다가오는 인간의 소외감이나, 내게 다가올지도 모를 불행에 대한 공포나 불확실한 미래에 대한 불안 같은 것을 그림으로 표현하고 싶었습니다. 아울러 인간의 외로움이나 소외감과 맞서 싸울 수 있는 인간의 용기를 그려보고 싶었고, 공포나 불안을 잠재울 수 있는 희망의 노래를 그려보고 싶었습니다. "형상에 대해서는 고민할 필요 없다. 색깔이 결정되면 형상은 저절로 완성된다."는 모네의 말은 저에게 많은 용기를 주었습니다.

저에게 영감을 준 마지막 하나는 유태계 미국 화가 마크 로스코의 '색면추상'입니다. 일정한 형태도 없이(적어도 감상자가 보기엔)

색의 대비만으로 기이하게 구성된 그의 그림 속에서 저는 저의 내면의 풍경을 만날 수 있었습니다. 마크 로스코는 추상표현주의 화가였지만, 자신은 추상주의 화가가 아니라 인간의 감정을 그리는 화가라고 말했습니다. 저는 그의 그림을 통해 제 안에 있는 '기쁨'과 '슬픔'을 만날 수 있었습니다.

내가 그린 그림의 주제

이번 그림의 주제는 '색이 마음을 치유하다'입니다. 아름다운 색이 우리의 마음을 치유할 수 있다는 의미가 아니라, 색과 색의 하모니가 우리를 위해 기쁨의 노래를 불러줄 수 있고 슬픔의 노래도 불러줄 수 있다는 것입니다. 앞에서 말씀드린 것처럼 〈연탄길〉을 읽은 많은 독자 들은 〈연탄길〉을 통해 마음의 치유를 얻었다고 했습니다. 〈연탄길〉에 담겨 있는 글과 조화로운 그림을 넣으려면 어떤 그림을 그려야 할까 고민하던 중 독자들이 글을 통해 얻었다는 '치유'라는 단어가 생각났습니다. 그림의 주제를 '색이 마음을 치유하다.'로 정한 이유입니다.

또 하나의 그림 주제는 '어둠의 빛'입니다. '어둠의 빛'은 스위스의 정신분석학자 칼 구스타프 융의 빛나는 통찰입니다. '어둠의 빛'

은 어둠 속에 있는 빛을 의미하는 것이 아닙니다. 그가 말한 '어둠의 빛'은, 어둠의 가슴을 헤집어 보면 그 안에 눈부시게 환한 빛의 속살이 간직되어 있다는 의미입니다. 캄캄한 시간을 통해서만 깨닫게 되는 것이 있다는 의미겠지요. 오직, 어둠을 통해서만 인도되는 빛이 있다는 것입니다. 〈연탄길〉의 주제를 '어둠의 빛'이라고 말씀드릴 수도 있겠습니다. 그러니 그림의 주제 또한 자연스럽게 '어둠의 빛'으로 정할 수 있었습니다.

그림이 거의 완성될 무렵, 저의 그림 두 점이 국립박물관에 판매되었고 대한민국이 자랑하는 유명 화가들의 작품과 함께 전시되었습니다. 자랑하고 싶은 마음도 있지만 굳이 이 이야기를 꺼내는 다른 이유가 있습니다.

늘 자신감이 없는 저에게 박물관에 전시된 그림 두 점은 매우 중요한 사건이었습니다. 왜냐하면 그림을 그리는 몇 개월 동안 제가 제일로 경계했던 것이 있습니다. 그것은 제 안에 있는 불안과 근심과 부정적인 감정들이 최대한 적게 그림으로 표현되는 것이었습니다. 지극히 개인적인 것들은 보편적인 공감을 얻을 수 없기 때문입니다.

국립박물관에 전시된 그림 두 점은 저에게 감사와 보람과 자존감을 선물해주었고, 그로 해서 제 안에 있는 불안과 근심과 부정적인 감정들이 생동감으로 채워질 수 있어 다행스러웠습니다. 왜냐하면 그림을 그리는 동안, 어쩌면 제가 그림을 그리는 것이 아니라 제 안에 있는 공포와 두려움 혹은 제가 잃어버린 그 무엇이 그림을 그리는 것인지도 모른다는 생각이 들었기 때문입니다.

환한 색의 그림이라고 해서 희망을 노래한 것은 아닐 것입니다. 어두운 색의 그림이라고 해서 절망이나 우울을 노래한 것도 아닐 것입니다. 환한 그림으로도 절망을 노래할 수도 있고 어두운 그림으로도 희망을 노래할 수도 있기 때문입니다. 웃고 있지만 눈물을 흘리는 사람의 모습이 단지 애처롭게만 느껴지는지요? 웃고 있지만 울고 있는 사람은 마음이 기쁜 사람입니까? 아니면 마음이 슬픈 사람입니까?

〈연탄길〉이 내게 준 슬픔

〈연탄길〉은 저에게 기쁨을 주었지만 아픔도 주었습니다. 그런 까닭에 〈연탄길〉은 저에게 각별히 애정이 가는 책입니다. 〈연탄길〉이 제게 준 기쁨과 슬픔에 대해 다른 책에 쓴 적도 있지만 정작 써야할 곳은 바로 이 자리였음을 뼈저리게 느낍니다.

〈연탄길 1, 2, 3〉을 쓰느라 7년 동안 과로했습니다. 한 집안의 가장이었기에 〈연탄길〉원고를 쓰는 동안에도 돈을 벌어야 했습니다. 첫 번째 책을 냈지만 힘없이 쓰러졌고, 무명의 글쟁이였던 까닭에 책을 통한 인세 수입은 전혀 없었습니다. 낮엔 직장에서 고된 일을 하고 밤늦은 시간부터 새벽 3시나 4시까지 원고를 썼습니다. 7년 동안 낮에도 일하고 밤에도 일하고 새벽까지 일한 탓에 체력이 바닥날 수밖에 없었습니다. 몹시 심한 어지럼증이 생겨 다섯 걸음도 걸을 수 없었고, 집안에서 화장실에 갈 때도 간신히 벽을 붙들고 가야 할 지경이었습니다. 많은 시간이 지나도 어지럼증은 낫지 않았고 오히려 더 심해졌습니다. 설상가상으로 양쪽 귀에선 단 1초도 쉬지 않고 고막을 찢을 듯이 쇠파이프 자르는 소리가 들렸습니다. 인간의 목소리로 도저히 가늠할 수 없는 고음의 소리는 시시각각으로 저의 숨통을 조였습니다. 그런 상황이 오래 지속되면서 결국 심한 우울증을 앓게 되었습니다. 우울증을 앓으며 그 후 수년 동안 지옥 같은 시간을 보내야 했습니다. 저에게 기쁨을 준 것은 아픔도 줄 수 있다는 것을 〈연탄길〉을 통해 비로소 알게 되었습니다.

'의미'와 '무의미'는 다시 결정된다

한 치 앞도 보이지 않는 캄캄한 시간이었지만 그 시간을 통해 깨달은 것이 있습니다. 의미 있는 일이 무의미한 일이 될 수도 있고 반대로 무의미한 일이 의미 있는 일이 될 수도 있다는 것입니다. '의미'와 '무의미'는 지금 당장 결정되는 것이 아니라 두고두고 세월의 흐름 속에서 혹은 예측할 수 없는 상황의 변화 속에서 다시 결정되는 것이었습니다.

무엇이 '의미' 있는 일일까요? 그리고 무엇이 '무의미'한 일일까요? 우리가 계획했던 일이 이루어졌을 때 우리는 의미 있는 시간을 보냈다고 말합니다. 반대로 우리가 계획했던 일이 좌절되었을 때 우리는 무의미한 시간을 보냈다고 말합니다. 그럴듯한 말이지만 아닐 수도 있습니다. 우리가 의미 있는 일이라고 생각했던 일들 중엔 결국 무의미하게 끝나는 일이 얼마든지 있기 때문입니다. 반대로 우리가 무의미하다고 생각했던 일들 중엔 시간이 지나 의미 있는 일이 되는 경우도 얼마든지 있습니다. '의미'와 '무의미'는 다시 결정된다는 것입니다. 우리가 한 일이 의미 있는 일인지 무의미한 일인지는 또 다른 시간과 또 다른 상황과 또 다른 사람들 속에서 다시 결정된다는 것입니다.

저의 경우도 그랬습니다. 〈연탄길〉을 통해 많은 독자들의 사랑을 받았으니 〈연탄길〉은 저에게 커다란 의미였습니다. 그러나 앞에서 말한 것처럼 〈연탄길〉을 쓰느라 과로한 탓에 수년 동안 지옥 같은 시간을 보내야 했으니 〈연탄길〉은 생각만 해도 끔찍한 무의미가 되고 말았습니다. 건강이 나빠져 죽음 직전까지 갔을 때 다시는 글을 쓰지 않겠다고 이를 갈며 맹세하고 지옥 같은 시간에서 겨우 빠져나왔을 때 제가 그나마 잘할 수 있는 일은 글 쓰는 일밖에 없었습니다. 수많은 〈연탄길〉독자들이 있었기에 다음 책들도 독자들의 많은 사랑을 받았으니, 〈연탄길〉은 저에게 또다시 의미가 되었습니다. 〈연탄길〉작가로 전국 각지에서 강연 요청을 받았고 해외에서 강연 요청을 받은 적도 있습니다. 그 많은 강연 요청을 모두 수락하고 사람들 박수 소리에 마음을 뺏기고 나면 〈연탄길〉은 저에게 또다시 치명적인 무의미가 될 것입니다. 무리한 강연 일정으로 틀림없이 건강은 악화될 것이고, 병원에 누워 〈연탄길〉 같은 건 내 인생에 없었으면 좋았을 거라고 예전처럼 또다시 말하겠지요. 저는 지금 그것을 철저히 경계하고 있습니다. 이와 같이 '의미'가 '무의미'가 될 수 있고, '무의미'가 '의미'가 될 수 있는 것이 우리의 삶입니다.

톨스토이는 그의 작품 '안나 카레니나'를 통해 우리에게 소중한 깨달음을 던져 주었습니다. "내게 무슨 일이 일어나는 그것은 결코 내게 무의미하지 않을 것이다."

내게 기쁜 일이 일어날 수도 있고 슬픈 일이 일어날 수도 있지만 그것이 어떤 것이든 내게 소중한 깨달음을 줄 것이라는 뜻이겠지요. 우리의 마음 깊은 곳에 새겨 두어도 좋을 듯합니다. 한 치 앞도 바라볼 수 없는 게 우리의 현실이기 때문입니다.

이번 개정판을 통해 새 옷을 입은 〈연탄길 1, 2, 3〉이 독자들에게 새로운 의미로 다가갈 수 있기를 소망할 뿐입니다. 오랜 시간 동안 〈연탄길 1, 2, 3〉을 사랑해 주신 독자들께 깊은 감사의 마음을 전합니다.

이 책의 시작부터 지금까지 보잘것없는 저를 인도해 주신 하나님 감사합니다.

2016년 배롱나무꽃 필 무렵 이철환

차례

06 /   작가의 말

24 /   아버지의 생일
29 /   네가 손을 잡아준다면
33 /   반딧불이
41 /   꼴찌의 달리기
43 /   **크리스마스 선물**
44 /   용기
52 /   따뜻한 콜라
56 /   **말의 힘**
57 /   한낮에도 반짝이는 별빛
65 /   사랑의 종소리
69 /   새벽별

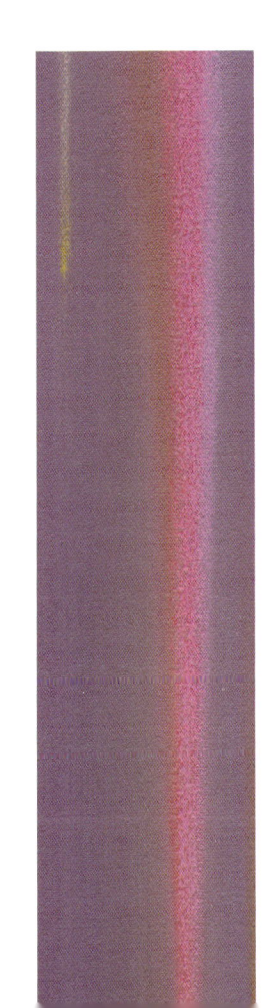

77 /　도시락 편지

80 /　**딸의 입학식**

82 /　보비의 사랑

84 /　고드름

92 /　**형의 거짓말**

93 /　웃으며 손을 내밀어도

98 /　사람의 향기

103 /　오랜 기다림

108 /　**선생님의 꽃씨**

109 /　따뜻한 손길

114 /　물구나무 서기

120 /　사랑은 누군가의 가슴에 남아

124 /　**아기는 기억할 것이다**

125 / 어미 새의 사랑

127 / 아이를 구한 청년

132 / 우리 함께 사는 동안에

138 / **하나의 달빛이 천 개의 강을 비춘다**

140 / 문학 강연

142 / 떡 할머니

146 / 아빠의 편지

149 / **비올라 화분**

150 / 청소부 선생님

154 / 느티나무

158 / 봄을 기다리는 겨울새

163 / 가시나무

170 / **우리들의 밤**

172 / 결혼식 손님

175 / 가난한 날의 행복

181 / 사랑의 교회

186 / 우리들 깊은 곳엔 아이가 살고 있다

188 / 봄길, 자전거

191 / 눈사태

196 / 너를 기다리는 동안

199 / 500원짜리 병아리

204 / **사나운 송골매**

206 / 해바라기 아저씨

216 / 송이의 노란 우산

224 / 새벽이 올 때까지

228 / **설악산 민박집에서**

아버지의 생일

비에 젖은 아침 햇살이 콘크리트 바닥에 얼굴을 비비며 도란도란 속삭이고 있었다. 완섭 씨는 갈색 머리칼을 살랑살랑 흔들고 있는 가로수를 바라보며 졸음에 겨운 하품을 했다. 바로 그때 음식점 출입문이 열리더니 여덟 살쯤 돼 보이는 여자아이가 어른의 손을 이끌고 느릿느릿 안으로 들어왔다.

두 사람의 너절한 행색은 한눈에 봐도 걸인임을 짐작할 수 있었다. 담배 연기처럼 헝클어진 머리는 비에 젖어 있었다. 퀴퀴한 냄새가 완섭 씨의 코를 찔렀다 완섭 씨는 자리에서 벌떡 일어나 그들을 향해 신경질적으로 말했다.

"이봐요! 아직 개시도 못했으니까 다음에 와요!"

"……."

아이는 아무 말 없이 앞을 보지 못하는 아빠의 손을 이끌고 음식점 중간에 자리를 잡고 앉았다. 완섭 씨는 그때서야 그들 부녀가 음식을 먹으러 왔다는 것을 알았다.

하지만 식당에 오는 손님들에게 그들 부녀 때문에 불쾌감을 줄 수는 없었다. 더욱이 돈을 못 받을지도 모르는 사람들에게 음식을 내준다는 게 완섭 씨는 왠지 꺼림칙했다.

완섭 씨가 그런 생각을 하며 잠시 머뭇거리는 사이에 여자아이의 가느다란 목소리가 들려왔다.

"저어 아저씨! 순댓국 두 그릇 주세요."

"웅, 알았다. 근데 얘야 이리 좀 와 볼래."

계산대에 앉아 있던 완섭 씨는 손짓을 하며 아이를 자기 쪽으로 불렀다.

"미안하지만 지금은 음식을 팔수가 없구나. 거긴 예약 손님들이 앉을 자리라서 말이야."

아이는 주인의 말에 낯빛이 금방 시무룩해졌다.

"아저씨, 빨리 먹고 갈게요. 오늘이 우리 아빠 생일이에요."

아이는 잔뜩 움츠린 목소리로 그렇게 말하다말고 여기저기 주머니를 뒤졌다. 아이는 비에 젖어 눅눅해진 천 원짜리 몇 장과 한 주먹의 동전을 꺼내 보였다.

"알았다 그럼 최대한 빨리 먹고 나가야 한다. 그리고 말이다. 아빠하고 저쪽 끝으로 가서 앉거라. 여긴 다른 손님들이 와서 앉을 자리니까."

"예, 아저씨 고맙습니다."

아이는 자리로 가더니 아빠를 다시 일으켜 세웠다. 아이는 아빠를 데리고 화장실이 바로 보이는 맨 끝자리로 가서 앉았다.

"아빠는 순댓국이 제일 맛있다고 그랬잖아. 그치?"

"응······."

간장종지처럼 볼이 패인 아빠는 힘없이 고개를 끄덕였다.

잠시 후 완섭 씨는 순댓국 두 그릇을 갖다 주었다. 완섭 씨는 계산대에 앉아 물끄러미 그들의 모습을 바라봤다.

"아빠, 내가 소금 넣어 줄게. 잠깐만 기다려."

"······."

아이는 그렇게 말하고는 소금통 대신 자신의 국밥 그릇으로 수저를 가져갔다. 아이는 국밥 속에 들어 있던 순대며 고기들을 떠서 아빠의 그릇에 가득 담아 주었다. 그리고 나서 소금으로 간을 맞췄다.

"아빠, 이제 됐어, 어서 먹어."

"응, 알았어. 순영이 너도 어서 먹어라. 어제 저녁도 제대로 못 먹었잖아."

"나만 못 먹었나 뭐, 근데…… 아저씨가 우리 빨리 먹고 가야 한댔어. 어서 밥 떠, 아빠, 내가 김치 올려 줄게."

"알았어."

아빠는 조금씩 손을 떨면서 국밥 한 수저를 떴다. 수저를 들고 있는 아빠의 두 눈 가득 눈물이 고여 있었다.

그 광경을 지켜보던 완섭 씨는 자신도 모르게 마음이 뭉클해졌다. 조금 전 자기가 아이한테 했던 일에 대한 뉘우침으로 그들의 얼굴을 바라볼 수 없었다.

음식을 먹고 나서 아이는 아빠 손을 이끌고 완섭 씨에게 다가왔다. 아이는 아무 말 없이 계산대 위에 천 원짜리 넉 장을 올려놓고 주머니 속에 있는 한 움큼의 동전을 꺼내고 있었다.

"얘야, 그럴 필요 없다. 식사 값은 이천 원이면 되거든. 아침이라 재료가 준비되지 않아서 국밥 속에 넣어야 할 게 많이 빠졌어. 그러니 음식 값을 다 받을 수 없잖니?"

완섭 씨는 미소를 지으며 아이에게 천 원짜리 두 장을 다시 건네주었다.

"고맙습니다, 아저씨."

"아니다. 아까는 내가 오히려 미안했다."

완섭 씨는 출입문을 나서는 아이의 주머니에 사탕 한 움큼을 넣어 주었다.

"잘 가라."

"안녕히 계세요."

아픔을 감추며 웃고 있는 아이의 얼굴을 완섭 씨는 똑바로 바라볼 수 없었다. 총총히 걸어가는 아이의 뒷모습을 바라보는 완섭 씨 눈가에 눈물이 어룽어룽 맺혀 있었다.

민들레 하얀 꽃씨가 콘크리트 바닥 위로 내려앉고 있었다.

말뚝잠을 자던 가로수가 초록손을 살랑살랑 흔들고 있었다.

네가 손을 잡아 준다면

　음악회에서 한 가수가 관객의 박수를 받으며 무대 앞으로 나왔다. 그가 부를 노래는 흘러간 팝송 〈대니 보이〉였다. 그 노래는 워낙 고음이라서 가수라도 쉽게 부를 수 있는 노래는 아니었다. 하지만 그날 노래를 부를 가수는 우리나라에서 가창력을 인정받는 가수였다.

　아름다운 선율의 전주가 흐르고 전반부의 노래가 잔잔하게 이어졌다. 수많은 관객들의 숨소리까지 잠재우며 노래는 절정에 다다르고 있었다. 사람들은 푸르렀던 시절을 회상하며 노래 속으로 점점 빠져들고 있었다. 그런데 바로 그때 뜻밖의 상황이 벌어졌다.

　노래를 부르던 가수가 〈대니 보이〉의 가장 높은 음 부분에서 마

이크를 그만 내려놓는 것이었다. 계속되는 노래 반주에도 그는 고개를 숙이고 있었다. 잠시 후 반주도 멈췄다.

실내는 쥐 죽은 듯이 조용했다. 몇몇 사람들이 소곤거리기 시작했다.

"왜 저러지, 무슨 일이야?"

"저럴 사람이 아닌데……누구보다 가창력이 있는 가수잖아…….."

얼굴을 붉히며 당황하는 가수에게 위로의 눈빛을 보내는 사람들도 있었다.

잠시 머뭇거리던 가수는 무대 한쪽 계단 아래로 느릿느릿 내려갔다. 가수는 마이크를 들고 관객석의 맨 앞줄 중간 부분으로 걸어갔다. 관객들은 어린 새처럼 고개를 빼고 그의 걸음을 지켜보았다. 가수는 허리를 굽혀 몸을 낮추고는 맨 앞줄에 앉아 있는 한 소년의 손을 잡았다. 소년은 휠체어에 앉아 있었다. 소년은 잠시 어리둥절해 했다.

"꼬마야, 아저씨가 계속 노래를 불러야 하거든. 그런데 이 노래에서 가장 음이 높은 부분이 남아 있어. 네가 아저씨 손을 잡아 준다면 아저씨가 이 노래를 무사히 부를 수 있을 것 같은데. 그래 줄 수 있지?"

소년은 고개를 끄덕였다.

"자, 아저씨 손을 꼬옥 잡아주렴, 아주 힘껏!"

소년은 그 순간 아주 진지한 눈빛으로 작은 손을 움켜쥐었다. 다시 반주가 시작되었다. 가수는 노래 반주에 맞춰 혼신의 힘을 쏟아 〈대니 보이〉의 절정 부분을 노래했다. 관객들은 그들을 향해 끝없는 박수를 보냈다. 어린 소년은 치자 꽃처럼 하얀 얼굴로 활짝 웃고 있었다. 가수의 이마 위에도 땀방울이 송글송글 맺혀 있었다.

두 사람은 아무 말 없이 한참 동안 서로의 손을 꼭 잡고 있었다. 말보다 더 아름다운 말을 주고받으면서…….

사람의 입에서 나오는 입김은 추울 때 가장 뜨겁다.

반딧불이

　가을바람이 우수수 낙엽을 몰고 다녔다. 은행나무의 긴 그림자가 교수실 안으로 해쓱한 얼굴을 디밀더니, 조롱조롱 얼굴을 맞댄 노란 은행알들이 경화 눈에 정겹게 들어왔다.
　경화는 기말고사 시험지를 채점하다말고 우두커니 창밖을 바라보고 있었다. 신기루처럼 환한 대학시절의 추억들이 경화의 마음속으로 성큼 다가왔다. 모교의 교수가 된 경화에게 지난 기억들은 언제나 유쾌한 아픔이었다.

　경화가 대학시절 퀭한 눈으로 중앙도서관을 오갈 때면 늘 마주치던 청소부 아줌마가 있었다. 몽당비만한 몸으로 이곳저곳을 오가며 분주히 청소하던 아줌마, 청소부 아줌마의 얼굴엔 한겨울에도 봄꽃이 활짝 피어 있었다. 청소부 아줌마를 만나면 경화는 항상 반가운 얼굴로 다가갔다.

"아줌마, 오늘도 또 만났네요. 아줌마도 반갑지요?"

"그럼요. 반갑고말고요."

"아줌마에게 여쭤볼 게 있어요. 어떻게 아줌마 얼굴은 언제 봐도 꽃처럼 환하지요?"

아줌마는 빙그레 웃으며 결린 허리를 두드리며 말했다.

"희망이 있기 때문이지요. 대학 다니는 딸이 어찌나 착하고 열심히 공부하는지, 딸애만 생각하면 허리 아픈 것도 다 잊어버려요."

"대학 다니는 딸은 얼굴이 예쁜가요?"

"그럼요. 예쁘구말구요."

"딸의 이름이 뭔데요?"

"이름은 경화구, 성은 나도 잘 모르겠는데……."

우스꽝스런 대화를 주고받은 뒤, 두 모녀는 까르르 웃곤 했다.

청소부 아줌마는 바로 경화 어머니었다. 경화는 마음 아픈 기색을 보이지 않으려고 청소하는 엄마를 만나면 늘 그런 식으로 대화를 이끌었다.

엄마를 대신해 걸레질을 할 순 없었지만, 열람실 바닥에 떨어져 있는 크고 작은 휴지들이 경화의 손에 언제나 가득했다.

대학시절을 회상하던 경화는 문득 시계를 봤다. 그리고 서둘러 교수 연구실을 나섰다 경화는 엄마가 있는 행정관 지하 보일러실을 향해 빠르게 걸었다. 엄마는 비좁고 궁색한 방 한구석에서 낡은 수건을 빨랫줄에 널고 있었다.

"우리 딸, 아니 민 교수님이 여기 웬일이세요?"

"그냥……."

"왜, 속상한 일이라도 있는 거냐?"

"그런 거 아니라니까."

"그럼 다행이구, 근데 안색이 안 좋아 보인다."

"실은 엄마에게 할 말이 있어서 왔어."

경화는 허공에 시선을 둔 채 잠시 망설였다. 경화는 머뭇머뭇거리며 입을 열었다.

"엄마 있잖아, 청소일 그만두면 안 돼?"

"뜬금없이 그게 무슨 말이냐, 내 몸뚱이가 아직 성한데, 왜 일을 그만둬."

"엄마 나이도 있고, 허리하고 무릎도 많이 아프잖아."

"나야, 이날까지 청소일로 이골이 났는걸 뭐, 하루 이틀 허리 아픈 것도 아니고. 허긴 네가 학생들 가르치는 대학에서 엄마가 청소일을 하는 게 창피스러울까봐, 그 생각을 안 해본 건 아냐. 너, 혹시 그래서 그러는 거냐?"

"그런 거 아냐, 엄마."

"그런 거 아니면 됐다."

속마음을 들켜 버린 경화는 당황한 빛을 보였다. 청소일을 하는 엄마는 경화 마음속에 무거운 돌처럼 매달려 있었다.

"경화야, 엄마가 청소일 한 지 얼마나 됐는 줄 아니?"

"나 초등학교도 들어가기 전이니까 얼마나 된 걸까?"

"벌써 삼십 년이나 됐다. 너 어릴 적부터 지금까지 내 뼈마디마디를 묻은 곳을 떠난다는 게 어디 쉬운 일이냐, 아파 누워 있는 어린 너를 방에 두고 새벽 버스를 타고 나와야 하는 에미 마음이 얼마나 찢어졌는데……. 그런 날이면 하루 종일 눈물만 닦으며 일했었지."

경화 엄마는 길게 한숨을 내쉬며 말했다.

"이제는 엄마가 일하지 않아도 살아갈 수 있잖아, 엄마도 봉천동에 혼자 계시지 말고 이젠 우리 집으로 들어오셔야지, 김 서방도 그걸 바라고 아이들을 다른 사람 손에 맡기는 것도 좀 그렇구 해서 말야."

경화는 진심을 말하면서도 감추어진 마음을 차마 드러낼 수 없었다. 교수가 돼 가지고 엄마 허드렛일 시킨다고 사람들이 수군거릴 것 같다는 말이 경화 입에서 자꾸만 맴돌았다.

"허기사 이 일 그만두고 나면 몸뚱이야 편하겠지. 그런데 에미 마음속엔 차마 이 일을 버릴 수 없는 이유가 있어. 엄마에게 있어 청소는 쓸고 닦는 일만이 아냐. 이 에민 삼십 년 동안 이 일을 간절한 마음으로 해 왔어. 아버지도 없이 불쌍하게 자란 내 딸이 순탄하게 제 갈 길 걸어가게 해 달라고 빌었던 간절한 기도였지. 비가 오나 눈이 오나 쓸고 닦고 바닥에 쪼그려 앉아 흉하게 붙어 있는 껌을 뜯어내며 인상 한번 쓰지 않았어. 남들 걸어가는 길 깨끗하게 해 놔야, 내 새끼 걸어갈 길 순탄할 거라고 믿으면서……."

곰팡이 핀 벽을 바라보던 경화의 눈가에 어느새 눈물이 고였다.

"엄마, 내가 괜한 말을 했지?"

"아니다. 네 마음 다 안다. 학교에서 엄마와 마주칠 때 네가 창피해 할까 봐 엄마는 내심 걱정되기도 했는데, 늘 달려와서 에미 손을 잡아 주니 얼마나 고마웠는지 모른다."

"창피하기는, 엄마가 누구 때문에 그 고생을 했는데……."

엄마는 꺼칠꺼칠한 손을 뻗어 딸의 얼굴을 쓰다듬어 주었다.

"에미는 네가 얼마나 자랑스러운지 모른다. 지난번 교수 식당에서 너랑 나란히 앉아 밥을 먹는데 어찌나 낯설고 어색하던지……. 어엿한 교수님이 내 딸이라는 게 믿어지질 않더구나. 고개도 못 들고 에미가 밥 먹을 때, 음식이 맛있어 코 박고 먹는 줄 알았겠지만, 지나간 세월이 고마워서 그랬어. 눈물 감출 길이 없어서……. 때론 서러움까지 당해야 했던 곳에서 내 딸이 어엿한 교수가 됐다는 것이 하도 고마워서 말야. 걸레질을 하다가 물이라도 조금 튀는 날이면 사납게 쏘아붙이고 가는 여학생들이 많았지. 그 아이들을 그저 웃음으로 흘려보낼 때, 에미 심정인들 좋았겠냐. 그래도 쓴 인상 한번 보내질 않았다. 그래야 내 자식 잘 되겠구나 하는 생각에……. 지금은 네가 이 학교 학생들 가르치는 일을 하는데 내가 어찌 이곳을 떠날 수 있겠냐. 무지랭이 에미가 도와줄 건 아무것도 없지만 말이다……."

경화는 엄마를 가슴에 꼬옥 끌어안았다. 경화는 울먹이며 말했다.

"엄마, 고마워. 엄마를 보면 반딧불이가 생각나. 야윈 몸 한켠에 꽃 등을 매달고 깜박깜박 어둠을 밝혀 주는 반딧불이 말야. 엄마의 속 깊은 마음 내가 어떻게 다 알겠어. 엄마, 어제 우리과 교수님들 회식이 있었거든. 강남에 있는 일식집에서 했는데 식사비가 얼마나 나왔는줄 알아. 한 사람당 십만 원 해서 육십만 원이 넘게 나왔대. 집으로 돌아오는 길에 엄마 생각을 하니까 그렇게 서럽더라구. 우리 엄마는 새벽 다섯 시 반이면 집을 나와 삼십 년 동안 눈비 맞으며 받는 월급이 육십오만 원인데, 생각하니 눈물이 나오더라구. 엄마, 미안해……."

"미안하긴. 엄마가 늘 너한테 미안하지."

엄마는 경화의 눈물을 닦아 주었다. 경화는 엄마 품에 안겨 마음으로만 소리 없이 말했다.

'당신은 삼십 년 동안이나 어두운 새벽 버스에 지친 몸을 실으셨습니다. 낡은 청소복에 아픈 허리 깊이 감추고 늘 바보처럼 웃으셨습니다. 당신은 내 마음보다 더 가까운 곳에서 저를 밝혀주셨습니다. 반짝이고 싶어 하는 철없는 딸을 위해 당신은 더 짙은 어둠이 돼 주셨습니다. 빛도 없이, 이름도 없이…….'

꼴찌의 달리기

 태양이 이글거리는 여름의 한낮이었다. 화사하게 웃던 해바라기도 현기증에 얼굴을 숙이고 있었다. 담담하게 더위를 이겨 내던 빨간 샐비어도 지쳐 누워있었다.
 사막같이 뜨거운 운동장에서 학생들은 체육시험으로 오래달리기를 하고 있었다. 선두를 달리던 학생은 증기기관차처럼 지칠 줄 몰랐다. 낙타처럼 느릿느릿 걷고 있던 꼴찌는 얼굴이 온통 일그러져 있었다. 꼴찌는 턱까지 차오르는 숨을 헐떡거리며 몹시 고통스러워했다.
 체육 실기 점수로 반영되는 오래달리기를 꼴찌는 포기할 수 없었다. 끝까지 달리기만 해도 기본 점수를 주겠다고 선생님은 약속

했다. 마지막 한 바퀴 반이 남았을 때, 선두를 달리던 학생이 속력을 내더니 꼴찌를 앞질렀다. 그는 자랑스러운 포즈를 취하며 일등으로 결승점을 통과했다. 선두가 들어온 뒤에도 꼴찌는 한 바퀴 반을 더 돌아야 했다.

쓰러질 듯 쓰러질 듯 힘들게 달리는 꼴찌와 함께 다른 한 명이 뛰고 있었다. 그는 꼴찌의 팔을 끌며 용기를 주었다. 꼴찌는 가쁜 숨을 몰아쉬며 빨간 색종이 같은 얼굴로 힘겨워했다. 꼴찌를 격려하던 학생은 전국대회에서 입상까지 했던 그 학교의 육상 선수였다. 그는 결승점까지 꼴찌와 함께 달렸다. 꼴찌인 친구를 결승점에 들여보내고 나서 그는 마지막으로 결승점으로 들어왔다.

백 점을 받을 수 있는 과목은 체육밖에 없었지만 친구의 힘겨운 질주를 그는 외면할 수 없었다.

크리스마스 선물

대학 입시를 앞둔 크리스마스 날이었습니다.

나연이와 친구는 입시 준비에 눈코 뜰 새 없이 바빴습니다. 저녁 무렵, 미술학원의 수채화 선생님이 활짝 웃으며 나연이와 친구에게로 다가왔습니다.

"크리스마스 날인데 놀지도 못하고…… 자, 크리스마스 선물이야."

뜻밖의 선물에 나연이와 친구는 기뻤습니다. 선물도 좋았지만 선생님의 격려가 더 고마웠습니다. 선생님이 주신 선물은 4B 연필 한 다스였습니다. 선물은 예쁜 포장지에 싸여 있었지만 촉감만으로도 금방 알 수 있었습니다. 나연이와 친구는 "와 연필이다!" 말하고는 포장을 풀지 않은 채 그림을 계속 그렸습니다.

시간은 흘러갔고, 시험이 며칠 남지 않았습니다. 나연이는 온종일 불안한 마음으로 그림을 그렸습니다. 연필이 다 없어졌습니다. 선생님이 주신 선물이 생각났습니다.

선물을 꺼내 포장지를 푸는 순간 나연이 눈에 눈물이 가득 고였습니다. 포장지 안에 있던 12자루의 연필들은 동화 속의 뾰족한 성처럼 예쁘고 가지런히 깎여져 있었습니다.

용기

　인희네 반에서 한 아이가 10만 원을 분실했다. 아이들은 인희가 그 돈을 가져간 것이라고 수군댔다. 인희는 그런 누명을 쓰는 게 너무 억울했다. 하지만 남의 물건에 손을 댔다가 벌써 두 번씩이나 문제를 일으킨 터라 인희도 어쩔 수 없었다.
　아이들의 따가운 시선을 받으며 인희는 자리에 앉았다. 까들까들 비웃음 소리가 귓가로 들려왔다.
　돈을 잃어버린 정희가 아이들과 함께 어정버정 인희 옆으로 다가왔다.
　"문제 더 커지기 전에 순순히 내놓는 게 좋을 거야."
　"아니야, 정말 내가 훔친 거 아니라니까."

"아주 구제 불능이로구나. 지금보다 더 왕따 만들기 전에 빨리 돈 내놔."

아이들은 거친 말로 인희에게 으름장을 놓았다.

재혁이 다가왔다.

"너희들 왜 그러는 거야. 인희가 안 그랬다잖아. 인희가 돈 훔치는 거 봤어?"

"본 애도 있단 말야. 그리고 꼭 봐야 아는 거니? 그런 짓 할 사람이 얘 말고 누가 있어?"

정희가 목울대를 세우고 말할 때 다른 아이가 재혁의 몸을 밀치며 다가왔다.

"재혁이 너, 전교 회장이라고 목소리 높이지 마. 지난번에 인희 편들어 주다가 망신당한 거 잊었어?"

아이들은 해죽거리며 재혁을 공격했다.

"아무튼 이번엔 인희가 그런 거 아냐. 절대로 아니라고."

그때, 담임선생님이 교실로 들어왔다. 선생님은 마뜩찮은 표정을 지으며 교탁 앞에 섰다.

"벌써 세 번째다. 고등학교 교실에서 이런 일이 자주 생긴다는 게 너무 수치스럽구나."

교실 안에는 무거운 침묵이 흘렀다. 인희는 자신도 모르게 고개를 숙여 버렸다.

"반성할 시간은 충분했다. 나도 기다릴 만큼 기다렸어."
담임선생님은 화난 얼굴로 고즈넉이 인희를 바라봤다.
"인희, 네가 아이들에게 의심받지 않으려면 지금부터 정신 바짝 차리고 대답해야 한다. 그날 체육시간 끝나고 네가 제일 먼저 교실로 들어왔다고 하는데 그 말이 사실이냐?"
인희는 주눅 든 목소리로 더듬더듬 말했다.
"교실 문을 네가 마지막으로 잠그고 나간 것도 사실이지?"
"네, 분명히 잠그고 나간 것 같은데요. 저는 정말 그 돈을 훔치지 않았어요, 선생님……."
"네가 돈을 훔쳤다고 말하지 않았다. 선생님도 네 말을 믿는다. 하지만 네가 그러는 걸 다른 반 아이가 봤다고 하는데, 선생님 입장도 난처하구나."
"선생님, 정말 제가 안 그랬어요."
"선생님, 인희 말 듣지 마세요. 일 저질러 놓고 뒤가 저려서 저러는 거예요. 인희가 돈 훔치는 걸 본 아이도 있다구요."
아이들은 이구동성으로 인희를 몰아세웠다. 인희는 책상에 엎드려 울고 있었다.
바로 그때 재혁이 의자에서 벌떡 일어났다.

"그 돈 인희가 훔친 거 아닙니다."

"다른 아이가 가져가는 거 재혁이 네가 봤어? 봤냐구?"

돈을 잃어버린 정희는 재혁을 향해 쏘아붙이듯 말했다.

"봤어, 내가 분명히 봤어. 인희는 아냐."

재혁의 말에 아이들은 웅성거렸다. 담임선생님이 재혁에게 물었다.

"재혁이, 네가 분명히 봤니?"

"네……."

재혁의 목소리는 떨렸지만 확신에 차 있었다.

"선생님, 우리 반 아이가 그런 거 아닙니다. 옆 반 아이 중에 누군가가 우리 교실에 들어왔습니다."

재혁은 더 이상 말하지 못하고 고개를 숙였다. 선생님은 재혁에게 다가갔다.

"재혁아, 그런데 왜 이제야 그 말을 하는 거지?"

"사실은……."

불안한 빛을 감추지 못하고 허둥대는 재혁의 눈가엔 어느새 눈물까지 맺혀 있었다.

"죄송합니다, 선생님……. 사실은 체육시간이 끝나자마자 저는 옆 건물 3층으로 달려갔습니다. 과학실험실 커튼 뒤에 몸을 숨기고 저희 반 교실을 보고 있었습니다."

교실 안은 물을 끼얹은 듯 조용해졌다. 선생님은 어리둥절한 얼굴로 재혁에게 물었다.

"거기엔 왜 갔는데?"

"저어……."

재혁은 잠시 머뭇거리더니 이를 앙그려 물고 말을 이었다.

"사실은…… 먼저 들어간 여학생들이 옷 갈아입는 걸……."

재혁의 말에 교실은 술렁였다. 전교 회장에다가 공부도 잘 하는 재혁이가 그런 짓을 할 거라고 누구도 생각하지 않았다.

"그날 처음 간 거였습니다. 저도 모르게 그만……."

재혁은 울먹거리며 말을 이었다.

"죄송합니다, 선생님. 반 친구들에게도 돌이킬 수 없는 잘못을 저질렀습니다. 어떤 처벌이라도 받겠습니다. 하지만 인희가 더 이상 따돌림 당하지 않았으면 좋겠습니다."

선생님은 울고 있는 재혁을 안아주었다.

"재혁아, 울지 마. 네가 잘못을 한 건 사실이지만, 너의 용기로 인희가 억울한 누명을 벗었잖아. 네가 잘못을 부끄러워하고 있으니까 아이들도 너를 용서할 거야. 애꿎게 인희를 몰아세운 우리들도 모두 잘못한 거잖아."

재혁을 바라보던 인희의 조그만 얼굴 위로도 눈물이 흘러내렸다. 아이들은 머쓱한 얼굴로 고개를 숙였고 따스한 햇살은 초록 바람을 몰고 와 교실 유리창 문을 가만가만 두들기고 있었다.

따뜻한 콜라

커다란 교실엔 많은 학생들이 앉아 있었다. 종민이는 나쁜 시력 때문에 맨 앞자리에 앉아 수업을 들었다. 너무 더운 날씨라 땀을 뻘뻘 흘리고 있었다. 종민이는 학원에 온 것을 후회하며 어쩔 줄을 몰랐다. 종민이가 불안한 마음으로 허둥대고 있을 때 영어 선생님과 눈이 마주쳤다. 종민이는 금세 얼굴이 빨개졌다. 선생님은 느릿느릿 교단을 내려 왔다. 선생님은 한손에 책을 들고 영어 지문을 읽으며 종민이 쪽을 향해 걸어왔다. 종민이는 고개를 숙이고 책을 보는 척했다 책 속의 글자들은 개미떼처럼 줄을 지어 종이 위를 기어 다니고 있었다.

"종민이는 왜 이렇게 땀을 흘리니? 얼굴도 빨개졌고. 종민이, 어

더 아프니?"

"……."

"날이 더워서 그렇구나."

 종민이는 고개를 숙인 채 아무 말도 하지 않았다. 선생님은 종민이 옆에서 영어 지문 하나를 다 읽고 다시 교단으로 걸어갔다. 선생님은 교탁 위에 있던 콜라를 한 모금 마셨다.

"콜라가 너무 맛있는데, 나만 마셔서 미안하구나. 억울한 사람은 수업 끝나고 교무실로 와. 콜라 사 줄게."

"가면 정말 사주실 거죠?"

 여기저기서 여학생들의 또랑또랑한 목소리가 들려왔다.

"그럼."

 학생들은 수업 전에 음료수를 교탁 위에 올려놓곤 했다. 한 시간 동안 입을 열어 수업을 진행하는 선생님에 대한 작은 배려였다. 수업 중에 영어 선생님이 음료수를 마시는 경우는 거의 없었다. 종민이는 음료수를 마시는 선생님의 모습을 의아해 하며 쳐다보았다.

 선생님은 다음 지문을 읽으며 종민이 쪽을 향해 걸어갔다. 선생님은 콜라가 담긴 큰 종이컵을 한 손에 들고 있었다. 선생님은 종민이 책상 한쪽에 콜라를 올려놓고는 책상 끝에 걸터앉았다. 잠시 후 선생님이 일어나는 순간, 책상이 흔들리며 콜라가 종민이 앞으로 쓰러지고 말았다. 쏟아진 콜라 때문에 종민이가 입고 있던 청바지는 순식간에 흠씬 젖어 버렸다.

"이거 미안해서 어쩌지? 바지가 다 젖었네, 여기에 콜라를 놓았던 걸 깜빡했어. 미안하다, 종민아……."

"……."

당황하며 어찌할 바를 모르는 선생님에게 종민이는 아무 말도 하지 않았다. 선생님은 손수건을 꺼내 온통 젖어버린 종민이 바지를 닦아 주었다. 옆에 앉아 있던 여학생들은 숨 넘어 갈듯 웃어대고 있었다.

잠시 후, 수업 끝나는 종소리가 울렸다. 콜라로 얼룩진 바지를 입고 종민이는 자리에서 일어났다. 종민이는 뒷문을 빠져나가다 말고 강의실 앞에 서 있는 선생님을 바라보았다. 교탁 앞에 서 있는 선생님이 종민을 바라보며 웃고 있었다. 종민이도 선생님을 향해 수줍게 웃어 보였다.

종민이는 빈뇨증이 있었다. 급작스럽게 소변이 마려우면 걷기조차 힘들었다. 그날 수업을 받다가 종민이는 갑자기 화장실이 가고 싶었다. 하지만 맨 앞자리에 앉아 있던 그가, 많은 여학생들의 시선을 받으며 소변을 보러간다는 것은 상상조차 할 수 없는 일이었다.

숫기 없는 종민이는 진땀을 흘리며 수업이 끝나기만을 기다렸다. 종민이는 자신도 모르게 조금씩 조금씩 소변을 보고 말았다.

종민이는 그 자리에서 죽고 싶었다. 선생님은 당황하는 종민이에게 다가가 소변으로 젖어있는 종민이 바지를 보았던 것이다. 선생님은 종민이 바지 위에 일부러 콜라를 가득 엎질러 버린 것이다.

 어쩔 줄 모르는 자신을 위해 콜라를 쏟아 놓고 당황하던 선생님의 사랑을 종민이는 한순간도 잊을 수 없었다. 젖은 바지를 입고 교실 문을 빠져나올 때, 웃어주던 선생님의 얼굴을 종민이는 마음 깊은 곳에 간직하고 있다.

시간이 지날수록 우리들의 기억은 희미해진다.
하지만 시간이 지날수록 또렷해지는 기억도 있다.
그 기억은 날마다 날마다 우리를 깨운다.

말의 힘

유명한 뮤지컬 배우가 뮤지컬 지망생들의 오디션 심사를 보고 있었다. 심사위원인 그의 표정이 무척이나 진지해 보였다. 노래를 부르고, 춤을 추고, 연기를 하는 지망생들의 눈빛도 푸르렀다. 한 명이 지나고 두 명이 지났다. 한 여학생이 활짝 웃으며, 그러나 매우 진지한 눈빛으로 심사위원들 앞에 섰다. 여학생은 노래 부르듯 춤을 추었고 춤을 추듯 노래를 불렀다. 그녀는 혼신의 연기를 마치고 심사위원을 향해 떨리는 목소리로 말했다.

"오래 전 선생님께서 주연을 맡으신 뮤지컬을 본 적 있습니다. 그날 이후 선생님의 눈빛을 단 한 순간도 지울 수 없었어요. 그래서 저도 뮤지컬 배우가 되기로 결심했습니다. 선생님, 책임지세요······."

심사위원은 빙긋이 웃었을 뿐 아무 말도 하지 않았다. 심사위원의 눈빛이 무척이나 따뜻해 보였다.

한낮에도 반짝이는 별빛

현희 씨가 주방에서 설거지를 하고 있을 때, 방안에서 아이의 목소리가 들려왔다.

"우~움마아!"

다섯 살 된 영호는 '엄마'란 말을 잘하지 못했다. 영호는 보통 아이들보다 지능이 많이 모자랐다. 게다가 자폐 증세까지 있었다. 영호를 데리고 하루하루 살아가는 것은, 이끼 낀 돌다리를 건너는 것처럼 현희 씨에겐 힘겨운 일이었다.

현희 씨는 영호가 자기 또래의 아이들처럼 감정 표현이라도 해 주기를 바랐다. 영호는 자기를 끔찍이 사랑해 주는 아빠에게도 애정 표현을 하지 않았다. 아빠에게 가까이 가지도 않았고, 아빠가 장난감 로봇이나 아이스크림을 사다 주어도 늘 시큰둥했다.

"당신, 우리 영호 때문에 많이 속상하죠? 회사 일도 힘든데……."

"영호 보느라고 당신이 늘 고생이지 뭐."

"다른 아이들처럼 아빠하고 목욕탕에도 가고, 공놀이도 하면 얼마나 좋을까요?"

"그러게나 말야."

"그렇다고 영호 미워하면 안 돼요."

현희 씨는 눈가에 고이는 눈물을 꾹 참으며 말했다.

"서운할 때도 있지만 그때뿐이지 뭐. 너무 걱정 마. 병원에 다니고 있으니까 차차 나아지겠지."

남편은 현희 씨의 눈물을 닦아 주었다.

"내가 출장 가 있는 동안 당신 혼자 영호 보기 힘들 텐데, 친정에라도 가 있지 그래."

"우린 걱정 말고 당신 식사나 거르지 마세요. 이번엔 열흘 동안이나 나가 있잖아요."

"알았어. 근데 우리 영호 선물 뭘 사다 줄까?"

"선물 사다 줘 봐야 반기지도 않는 애한테 괜한 마음 쓰지 마세요. 아빠를 남 대하듯 하니 정말 큰일이에요."

현희 씨는 깊은 한숨을 내쉬었다. 마음속 깊은 곳에 숨겨 둔 아픔이 금방이라도 눈물이 되어 나올 것 같았다.

다음날 아침, 남편은 열흘간의 출장을 떠났다. 그날 오후 현희 씨는 영호를 데리고 집에서 멀지 않은 시장에 갔다. 시장으로 가는데 눈발이 하나 둘 날리기 시작했다. 길가에 서 있는 은행나무 가지가 찬바람에 흔들렸다. 현희 씨는 생선 가게로 갔다. 현희 씨가 잠시 생선을 고르는 사이에 영호가 없어지고 말았다.

영호는 손목에 미아 방지용 팔찌도 하고 있지 않았다. 현희 씨는 눈앞이 아득했다. 영호는 자신의 이름도 말하지 못했고, 집 전화번호도 모르는 아이였다. 현희 씨는 영호를 부르며 온 시장을 뛰어다녔다. 어둠이 내릴수록, 현희 씨의 마음은 다급해졌다. 현희 씨는 시장 곳곳을 다니며 장사하는 사람들에게 영호의 인상착의를 말했다.

"조금 전 시장 안에서 우리 아이를 잃어버렸거든요. 검정색 파카를 입은 다섯 살짜리 아인데, 말도 잘 못하고 말할 때는 입이 옆으로 돌아가요……. 눈동자에 초점도 없구요. 그런 아이를 보시면 이리로 연락 좀 주세요. 부탁드릴게요."

현희 씨는 가슴속 깊이 싸매 두었던 영호의 아픔을 말했다. 현희 씨 얼굴 위로 눈물이 흘러내렸다. 현희 씨는 시장을 나와 근방에 있는 여러 파출소를 돌아다니며 신고했다. 현희 씨는 집으로 돌아와 발을 동동 구르며 전화기 옆에 서 있었다. 극도의 불안감이 현희 씨 마음을 조여 왔다.

현희 씨는 다시 시장으로 달려갔다. 거리는 어두워졌고 시야를 가릴 만큼 굵은 눈발이 퍼부어 대고 있었다. 영호를 본 사람은 아무도 없었다. 현희 씨는 울면서 아이의 이름을 불렀다.

"영호야! 영호야!"

흐느낌을 집어삼키듯 겨울바람 소리만 웅성거릴 뿐, 아이의 소리는 들리지 않았다.

한 아주머니로부터 전화가 걸려온 것은 밤 10시가 다 될 무렵이었다. 영호는 시장에서 아주 멀리 떨어진 곳까지 가 있었다. 친절한 아주머니의 보살핌으로 영호는 다시 집으로 돌아올 수 있었다. 영호를 찾게 해 준 것은 남편의 운전면허증이었다.

남편의 운전면허증이 영호의 바지 주머니 속에 들어 있었기 때문이었다. 다행히 면허증 뒷면에 분실을 대비해 남편이 집 전화번호를 적어 놓았다. 이 번호를 보고 전화를 한 것이었다. 현희 씨가 영호를 데리러 갔을 때, 영호는 새파랗게 언 손으로 과자만 먹고 있었다. 현희 씨는 영호를 끌어안았다.

"영호야! 잘못했어. 엄마가 잘못했어."

현희 씨 얼굴 위로 눈물이 방울방울 흘렀다.

열흘이 지나갔다. 남편이 돌아오는 날 아침, 현희 씨는 영호에게 물었다.

"영호야 아빠 보고 싶지 않니? 오랫동안 아빠 못 봤잖아."

"……."

영호는 무표정한 채 아무런 대꾸도 하지 않았다. 대답을 기대한 건 아니었지만, 묻는 말의 의미조차 아이가 모르는 것 같아 현희 씨 마음은 아팠다.

오후 늦게 초인종이 울렸다. 남편이 출장을 마치고 돌아왔다. 남편은 여행 가방을 들고 지친 얼굴로 현관에 들어섰다.

바로 그때, 거실에 앉아 있던 영호가 갑자기 현관 쪽으로 뛰쳐나갔다. 영호는 맨발로 달려가 아빠의 다리를 두 팔로 꼭 끌어안았다.

영호는 아빠에게 매달려 울고 있었다. 비록 말은 못했지만 영호는 매일 밤 아빠를 기다렸던 것이다. 영호가 왜 아빠의 운전면허증을 주머니 속에 넣고 다녔는지를 현희 씨는 알게 됐다. 아빠 얼굴이 있는 운전면허증을 보며, 영호는 매일 밤 아빠를 기다렸던 것이다. 오랫동안 보이지 않던 아빠를 원망하듯 영호는 울음을 그치지 않았다. 남편의 눈에서도 눈물이 흘러내렸다. 남편은 울고 있는 영호의 얼굴을 어루만지며 영호를 끌어안았다.

"영호야! 울지 마, 아빠도 우리 영호가 얼마나 보고 싶었는데, 어디 우리 영호 얼굴 좀 보자."

남편은 얼굴을 보려고 영호를 품에서 떼어 내려고 했다. 하지만 울고 있는 영호는 아빠를 놓아주지 않았다.

"아빠 이제 아무 데도 안 갈게. 아빠는 다 알아. 말은 못하지만 우리 영호가 아빠를 얼마나 사랑하는지. 남자라면 때로는 하고 싶은 말이 있어도 안으로 감출 수 있어야 되는 거야."

남편은 목이 메어 더 이상 말을 잇지 못했다.

그날 밤, 영호는 아빠 손을 꼭 잡고 잠이 들었다. 현희 씨는 잠든 영호의 속눈썹에 피어 있는 별빛을 보았다. 어쩌면 이 아이가 하늘나라에서 소풍 온 아기 천사일지도 모른다고 현희 씨는 생각했다.

"영호야! 엄마, 아빠의 사랑을 믿어 사랑이 있는 한 우리에겐 언제나 희망이 있는 거야."

현희 씨는 잠든 영호의 손을 꼭 잡고 속삭이듯 말했다.

만날 수 없어도 만나는 얼굴이 있다.
아름다운 것들마다 온통 그의 얼굴이다.
눈물겨운 것들마다 온통 그의 얼굴이다.

누구의 가슴에도 하나쯤은 한낮에도 반짝이는 별빛이 있다.

사랑의 종소리

눈 내리는 거리엔 크리스마스 캐럴이 울려 퍼졌다. 성탄절을 하루 앞둔 거리는 기쁨과 설렘으로 술렁거렸다. 하늘 가득한 눈송이를 바라보는 사람들의 얼굴엔 기쁨이 넘쳐나고 있었다. 지숙 씨는 일을 마치고 남편과 함께 명동의 지하도를 건너고 있었다. 양손 가득 아이들 선물을 들고 있는 남편에게 지숙 씨가 말했다.

"여보, 우리 혜경이 말야. 아직도 산타 할아버지가 있다고 믿는 것 같아."

"산타 할아버지의 비밀을 간직하고 있다는 게 얼마나 좋아. 비밀이 하나하나 없어지면서 슬픈 어른이 되는 거지 뭐."

"그런가? 일곱 살만 돼도 다른 아이들은 다 안다는데, 하긴 우리 혜경인 나이에 비해서 참 순수해."

지숙 씨는 얼굴 가득 흐뭇한 미소를 지으며 계단을 올랐다. 계단 중간쯤에 한 사내가 고개를 숙이고 앉아 있었다. 헝클어진 머리에 때 절은 외투를 입고 있는 사내 앞에는 바구니 하나가 놓여 있었다. 사람들은 그를 쳐다보지 않았다. 사내 옆을 지날 때 술에 찌든 역한 냄새가 지숙 씨 코를 찔렀다. 지숙 씨는 남편 쪽으로 몸을 기울이며 속삭이듯 말했다.

"구걸하는 사람이 저렇게 술 냄새까지 풍기고 있으니 누가 가까이 가겠어."

"도와주지 않을 거라면 욕하지 마. 오죽하면 저렇게 구걸을 하겠어."

"구걸한 돈으로 술 마실 게 뻔하잖아."

"다른 사람에 대해서 그렇게 쉽게 말하는 거 아니야. 다 사정이 있겠지."

지숙 씨는 남편의 말에 더 이상 대꾸하지 않았다. 지숙 씨는 시큰둥한 얼굴로 지하도 계단을 빠져나왔다. 구세군 음악대의 크리스마스 캐럴이 연주되고 있었다.

"잠깐만 구경하고 갈까? 눈도 오는데."

지숙 씨는 남편이 팔을 끌며 사람들이 모여 있는 곳으로 갔다. 구세군 음악대의 신나는 연주를 들으며 사람들은 활짝 웃고 있었다. 연주가 끝나자 지숙 씨 남편은 주머니에서 천 원짜리 한 장을 꺼냈다. 지숙 씨가 주지 말라고 눈짓을 했다.
"아까 명동성당 앞에서도 냈잖아. 우리가 무슨 자선 사업가야? 하루에 두 번씩이나 주게."
그때, 한 남자가 사람들 속으로 걸어 들어왔다. 그는 병색이 짙은 얼굴로 느릿느릿 걸어 구세군 냄비 앞에 섰다. 그는 천 원짜리 세 장을 구세군 냄비 안에 넣었다. 헝클어진 머리에 누더기 같은 외투를 걸친 그 사내는 조금 전 지하도에 앉아 있던 걸인이었다.
"고맙습니다. 어려우신데 이렇게 많이 주셔도 되는지요?"
젊은 구세군 아저씨는 허리를 굽혀 조심스럽게 물었다.
"아까 어떤 할머니께서 따뜻한 저녁 사 먹으라고 손에 쥐어 주신 돈이오. 아들 생각이 나신다면서……. 어려운 할머니가 주신 돈으로 어떻게 저녁을 먹어요."
사내는 수줍게 웃고 있었다.
"고맙습니다. 감사히 쓰겠습니다."
느릿느릿 걸어가는 사내를 향해 젊은 구세군이 소리쳤다. 사랑을 담아 주고 걸어가는 걸인의 뒷모습은 내리는 눈송이보다 더 아름다웠다. 그 광경을 지켜보던 사람들은 순번이라도 정한 듯 한 명 한 명 구세군 냄비에 돈을 넣었다. 남편을 향해 민망한 웃음을 지어 보이던 지숙 씨도 구세군 냄비에 돈을 넣었다.

정류장에서 버스를 기다리며 지숙 씨가 말했다.

"왜 이렇게 창피하지?"

"창피하긴 착한 일 해 놓고는……."

"지하도에 있던 그 아저씨 말야. 나는 신나게 욕했는데, 나보다 더 나은 사람이었어."

"더 나은 사람, 못 나은 사람이 어딨어? 똑같은 사람들이 서로 도우며 사는 거지, 뭐."

지숙 씨는 고개를 끄덕였다. 해거름 무렵부터 내리던 눈은 어느새 함박눈이 되어 있었다. 송이송이 내리는 눈이 따스한 이불이 되어 세상의 시린 손들을 녹여 줄 것만 같았다.

새벽별

 병태는 달동네 조그만 집에서 살았다. 단칸방의 궁핍한 살림이었지만 병태 가족은 행복했다.
 어느 날 새벽, 병태네 방바닥의 갈라진 틈새로 연탄가스가 스며들었다. 눈을 떠야 한다고, 빨리 일어나야 한다고 몇 번을 다짐했지만 연탄가스를 마신 병태는 눈을 뜰 수가 없었다. 손발이 꽁꽁 묶인 채 허공에 매달린 요요처럼 지옥과 현실을 오가는 것만 같았다. 누나의 신음 소리가 바로 옆에서 들려왔다. 가파른 신음 소리에 병태는 눈을 번쩍 떴다. 병태는 발작하듯 자리에서 벌떡 일어나 방문을 향해 뛰쳐나갔다. '쿵' 하는 소리와 함께 병태가 방문에 머리를 부딪쳤을 때 엄마가 창백한 얼굴로 몸을 일으켰다. 연탄가스

에 중독된 엄마는 병태가 있는 문까지 기어가 병태를 끌어안았다. 엄마는 방문부터 활짝 열었다. 엄마는 신음하며 누워 있는 다른 가족들을 차례로 흔들어 깨웠다. 병태네 가족이 연탄가스 때문에 죽을 고비를 넘긴 것은 그날이 두 번째였다.

날이 밝고 정신은 돌아왔지만 점심때가 지나도록 딱따구리 한 마리가 병태 머릿속을 아프게 쪼아댔다.

아빠는 곰보빵 같은 방바닥 장판을 모두 들어냈다. 아빠는 온종일 쪼그려 앉아 회색 시멘트로 악마의 구멍을 메우셨다. 일하는 아빠를 옆에서 지켜보던 엄마 얼굴은 그날따라 너무 슬퍼 보였다.

한 달만 전기세를 더 내지 않으면 전기 공급까지도 끊어질 판에 전기장판은 꿈도 꿀 수 없는 일이었다.

아빠가 방바닥을 고치고 나서 시멘트가 다 마를 때까지 병태네 가족은 하루를 차가운 방에서 자야 했다. 두꺼운 이불 속에 번데기처럼 몸을 움츠린 가족들은 아무 말이 없었다. 다섯 식구의 입에서는 난로의 연통처럼 하얗게 김이 피어올랐다. 아빠 머리맡에 놓인 물그릇에 살얼음이 얼었다. 뼛속까지 떨려 왔지만 병태는 마음이 놓였다. 불을 끄기 전에 아빠가 말했다.

"자기 전에 우리 병태 노래 한곡 들어 보자."

"싫어…….."

"그럼 영미가 노래해 봐라. 아빠는 우리 영미가 노래하는 거 듣고 싶은데…….."

초등학교 4학년인 병태 누나는 하얀 입김을 뱉으며 노래를 불렀다. 영미의 목소리는 추위에 조금씩 떨리고 있었다.

'즐거운 곳에서는 날 오라 하여도 내 쉴 곳은 작은 집 내 집뿐이리. 내 나라 내 기쁨 길이 쉴 곳도 꽃 피고 새 우는 집 내 집뿐이리. 오 사랑 나의 집 즐거운 나의 벗 내 집뿐이리.'

노래가 끝났을 때 아빠는 박수를 쳤다. 아빠는 아무 말 없이 낡은 벽지를 향해 돌아누웠다. 아빠는 숨죽여 울고 있었다.

다음 날 저녁, 연탄을 갈고 방으로 들어온 엄마 얼굴에 근심이 가득했다.

"엄마, 연탄가스 또 들어오면 어떡하지?"

근심스러운 얼굴로 병태가 물었을 때, 엄마는 병태 손을 잡고 말했다.

"아빠가 다 고쳤으니까, 이번엔 괜찮을 거야. 연탄불이 활짝 핀 뒤에는 가스가 안 나오거든. 아무 걱정 말고 자도 돼."

엄마와 아빠는 어린 자식들을 안심시켰다. 잠자리에 들기 전, 만일의 경우를 생각해서 엄마와 아빠는 방의 양옆에 떨어져 누었다. 병태와 형과 누나는 엄마와 아빠 사이에 나란히 누웠다.

파리똥이 점점이 붙어 있는 흐린 형광등이 꺼지고 한참이 지났다. 병태는 잠이 오지 않았다. 병태는 머리맡 작은 창문으로 밤하늘을 올려다보았다. 달빛도 별빛도 아무것도 보이지 않았다.

병태는 잠들지 않으리라 굳게 마음먹었다. 모두 다 잠들면 가족들 모두가 죽을지도 모른다는 생각이 들었다. 지난번 새벽, 연탄가스를 맡고 방문 앞에 쓰러졌을 때 내복 바지에 똥을 눈 것이 병태는 너무나 창피했었다. 다시는 그런 일이 생겨서는 안 된다고 병태는 다짐했다.

캄캄한 방에서는 엄마 얼굴도 아빠 얼굴도 보이지 않았다. 무서운 생각이 든 병태는 잠든 형의 손을 꼭 잡아 보기도 했다. 잠들지 않으려고 자꾸만 눈을 껌박였지만, 눈꺼풀은 바위처럼 무겁게 감겨왔다. 병태는 며칠 전 길에서 만났던 무서운 형들의 얼굴을 떠올렸다. 누나가 불렀던 노래를 마음속으로 천천히 불러 보기도 했다.

그 사이 창밖으로 푸른 새벽빛이 느릿느릿 다가왔다.

병태는 방 끝에 누워 있는 엄마 얼굴을 바라보았다. 반대 쪽 끝에 누워 있는 아빠 얼굴도 바라보았다. 희미하게 보이는 아빠, 엄마 얼굴을 본 순간 병태의 조그만 얼굴에 웃음이 번졌다.

잠들지 못한 것은 병태만이 아니었다. 엄마, 아빠도 가족들을 지키기 위해 새벽까지 잠들지 못했다. 병태는 자신도 모르게 스르르 잠에 빠져들었다.

밝아 오는 새벽하늘에는 노란 달빛도 무수한 별빛도 없었다.

잠든 아이들 곁에서 새벽별 두 개가 온 밤 내내 반짝거렸다. 엄마, 아빠는 잠들지 않고 새벽별이 되어서 잠든 아이들의 얼굴을 밤새도록 비춰 주고 있었다. 감겨 오는 두 눈을 뜨고, 다시 뜨면서……

도시락 편지

한 청년이 있었다. 불우한 환경 때문에 배움을 포기하고 공장에 취직했다. 그는 기름때 묻은 자신의 모습이 싫었다. 열등감으로 매일 술만 마셨다. 몇 년 후 그는 마음 착한 여자를 사랑하게 되었고 그녀와 결혼했다.

그의 아내는 그를 사랑했다. 남편이 하는 일이 보잘 것 없는 일이었지만 그녀는 남편의 사람 됨됨이를 자랑스럽게 생각했다.

착한 아내에게 적은 월급과 기름때에 찌든 작업복을 내놓을 때마다 그는 마음이 아팠다. 아내는 매일 아침 남편의 가방에 도시락과 함께 편지를 써 보냈다.

'나는 당신이 너무 자랑스러워요.'

자신에게 용기를 주려고 보낸 아내의 편지가 그는 너무 고마웠다. 몇 달이 지나도 아내의 편지는 계속 됐다.

아내가 자랑스러움을 느낄 수 있도록 무엇인가를 해야겠다고 그는 생각했다. 그는 평소보다 두 시간 일찍 공장에 출근했다. 어두운 창고를 청소하기 시작했다. 아무도 모르게 이른 시간을 선택했고, 사람들이 출근하기 전에 모든 청소를 끝마쳤다.

아내에게는 아무 말도 하지 않았다. 그 일이 아내와 그 사이에서 보이지 않는 기쁨으로 남아 있기를 바랐다.

많은 세월이 흘렀다.

그날 아침도 서둘러 공장으로 가서 여느 때와 다름없이 공장 청소를 했다.

점심시간이 끝날 무렵, 사장실로부터 급히 오라는 연락을 받았다.

그는 영문을 모른 채 사장실로 올라갔다. 사장님은 그에게 뜻밖의 말을 했다.

"나는 이십 년 전부터 자네를 지켜봤네. 아무도 보지 않는 곳에서 누구도 할 수 없는 일을 하루도 빠짐없이 해 온 자네에게 경의를 표하네."

그는 부장으로 승진되었다. 부장이 되어서도 공장 청소만큼은 변함없이 그가 했다.
'나는 당신이 너무 자랑스러워요.'
20년을 보내 준 아내의 도시락 편지는 남편을 세워놓은 힘이 돼 주었다. 도시락 편지는 사랑이었다.

딸의 입학식

나는 난쟁이입니다.
나에게는 대학생 딸이 있습니다.

엄마처럼 되지 말라고,
엄마처럼 키가 작아서는 안 된다고 간절히 기도하면서
나보다 열 배는 키가 큰
딸의 모습을 보고 싶었습니다.

예쁘지는 않았지만 화장 곱게 하고
맵시 없는 몽당치마라도 차려 입고서
딸의 대학 입학식에 꼭 가 보고 싶었습니다.

내 작은 키 때문에
다른 사람들 틈에서 딸을 볼 수 없으면
내가 살아온 아픔의 키, 높은 곳으로 올라가
예쁜 딸을 바라보고 싶었습니다.

사람들에게 키가 작다고 놀림 받을 때마다
나는 부모님을 원망했습니다.

이제는 다 커 버린 딸에게
내가 원망스러운 에미가 되어 버렸습니다.

언젠가는 딸의 손을 잡고 말하겠습니다.
창피함보다는 아픔 때문에 엄마와 함께하지 못하는 딸에게
그게 죄스러워 엄마에게 큰 소리 한번 치지 못하는 마음 착한 딸에게
미안하다고, 미안하다고 조용히 말하겠습니다.

보비의 사랑

영국의 에든버러시에 보비라는 개가 있었다.

보비는 주인이 죽어 땅에 묻히자 14년이나 주인의 곁을 떠나지 않고 주인의 묘를 지켰다. 보비는 주인과 함께 다니던 인근 까페에서 사람들이 먹다 버린 빵으로 끼니를 때웠다. 엄동설한에도 주인의 묘를 떠나지 않았다.

아주 추운 겨울날, 보비는 자신의 머리를 주인의 묘비에 기댄 채 꽁꽁 얼어 죽고 말았다.

주인을 잊지 못해 14년 동안이나 주인의 묘를 지킨 보비를, 사람들은 주인과 나란히 묻어 주었다. 그 근처에 보비의 동상도 세워 주었다. 지금 그곳은 유명한 관광지가 되었다. 각박한 세상에서 개의 사랑 이야기는 많은 사람에게 깊은 감동을 주었다.

　보비가 그토록 오랜 세월 주인을 지킨 것은, 보비에 대한 주인의 사랑이 그만큼 컸기 때문이었을 것이다.

　보신탕용 개를 기르는 사람들 중에 일부는 자전거 바퀴에 바람을 넣는 펌프를 이용해서 개의 고막을 파열시키는 사람도 있다고 한다. 작은 소리에도 예민하게 짖어 대는 개는 살이 찌지 않기 때문이라고 한다.

　어떤 도살업자는 소를 죽이기 전에 일부러 다리를 부러뜨려 한참을 끌고 다닌다고 한다. 그 고통으로 소가 많은 물을 마시게 되면 그만큼 체중이 불어나 많은 이득을 챙길 수 있기 때문이다.

　14년 동안 주인의 묘를 지켰던 보비의 사랑은 주인에게 배운 사랑일 것이다.

　목숨 있는 것들은 사랑을 원한다. 사랑은 사랑을 기억해 두었다가 사랑을 위해 자신의 전부를 바친다.

고드름

집으로 돌아오는 길 내내, 현섭은 벌겋게 부어오른 다리가 몹시 아팠다. 교실에서 담배를 피운 것이 발각돼 오전 내내 학생부실에서 벌을 받고 매를 맞았다. 선도위원회에서 무거운 징계가 내려질 거라는 학생주임의 말은 현섭의 마음에 무거운 돌덩이를 매달아 놓았다. 현섭은 불도 켜지 않고 찬밥덩이처럼 방안에만 누워 있었다.

다음 날, 현섭의 엄마가 학교로 불려 갔다. 학생주임 선생님 앞에서 엄마는 죄인처럼 고개를 숙이고 앉아 있었다.

"잘못했습니다, 선생님. 제 아이가 죽을죄를 졌습니다. 제발 한 번만 용서해 주세요."

"이번 일은 지난번과는 달라요. 학생이 교실에서 담배를 피웠으니 그걸 두면 교육이 바로 서겠습니까. 이번만큼은 무거운 징계를 면할 수 없을 거예요."

엄마는 울며 애원했다. 소용없는 일이었다. 가슴 가득 눈물만 훔친 채 집으로 돌아왔다. 아들과의 불화로 엄마의 가슴은 상처투성이었다

"엄마, 잘못했어……."

"내가 정말 너를 잘못 키웠구나! 엄마도 이제는 지쳤다. 여러 번 학교에 불려 갔지만, 이번 일은 도저히 상상도 못할 일이야."

엄마는 실망과 배신감으로 눈물만 흘렸다.

현섭의 마음은 무거웠다. 사소한 영웅심으로 저지른 일이 모든 이들이 이토록 힘들게 할 줄은 몰랐다. 현섭은 징계 문제로 온종일 학생부실을 드나들었다. 부모를 다시 모시고 오라는 학생부 선생님의 지시를 받고 현섭은 집으로 돌아왔다.

대문을 열고 거실로 들어섰을 때, 이상한 냄새가 코를 찔렀다.

창문이 모두 닫혀 있는 밀폐된 거실에 엄마가 눈을 감고 누워 있었다.

상상도 못했던 일이 일어나고 있었다.

가스 밸브가 열려 있고, 거실은 가스 냄새로 가득했다. 오래 전부터 현섭의 문제로 우울해 하던 엄마가 목숨을 끊으려 했던 것이다.

"엄마! 정신 차려!
 엄마~아!"

현섭은 미친 듯이 엄마를 흔들었지만 엄마는 말이 없었다. 엄마의 몸은 해면처럼 풀어져 있었다. 엄마의 얼굴 근육이 파르르 떨리며, 마른 입술 사이로 작은 신음 소리가 새어 나왔다.

"엄마! 왜 이래, 이게 뭐 하는 거야!"

간신히 눈을 뜬 엄마는 작은 소리로 느릿느릿 말했다.

"엄마가 널 잘못 키운 거니까, 엄마가 죽어야지. 어서 엄마 두고 나가. 어서……."

현섭은 엄마에게 물을 갖다 드리고 닫힌 창문을 열었다. 현섭은 간신히 의식이 돌아온 엄마를 끌어안고 울었다.

"엄마, 괜찮겠어? 병원에 가야지."

"자식 잘못 키운 에미가 무슨 염치로 살겠다고 병원엘 가. 어서 나가. 나가라구……."

엄마는 몸을 반쯤 일으키다가 다시 쓰러졌다.

그때, 현섭의 아버지가 들어왔다.

사태를 짐작한 아버지 얼굴은 참을 수 없는 분노로 일렁거렸다. 엄마에게 우울증까지 만들어 주고 죽음까지 결심하게 한 아들을 아빠는 용서할 수 없었다. 아빠는 매를 들어 닥치는 대로 현섭을 때렸다.

"너 같은 놈은 죽어야 돼. 사람이라면 이럴 수는 없는 거야."

"아버지 잘못했어요. 용서해 주세요."

평소 아버지의 모습이 아니었다. 엄마는 가누지도 못하는 몸을 일으켜 아버지 팔에 매달렸다. 현섭의 여동생도 발을 동동 구르며 울고 있었다.

"여보! 당신이 참으세요. 이러다 애 죽이겠어요. 잘못했다고 빌잖아요, 여보!"

"필요 없어. 이런 못된 놈은 이제 필요 없다구!"

아버지는 현섭에게 사정없이 매질을 했다. 실신할 것만 같은 엄마가 현섭의 앞을 가로막았을 때, 아버지의 매질은 그쳤다. 아버지는 담배를 피워 물고 밖으로 나갔다. 죽도록 매를 맞은 현섭은 자기 방으로 들어가서 한참을 울었다.

아픔이 송곳처럼 현섭의 몸과 마음을 찔렀다. 아버지가 너무나 야속했다. 손끝이 떨려왔다. 목숨까지 끊으려 했던 엄마도 너무 미웠다.

현섭은 누워 있던 몸을 일으켜 세웠다. 당장이라도 뛰쳐나가고 싶었다. 하지만 그리할 수 없었다. 엄마가 정말 죽어 버릴지도 모른다는 생각이 들었다. 눈물이 얼굴을 타고 목덜미까지 흘러 내렸다. 이런저런 생각에 몸을 뒤척이다가 지쳐서 잠이 들었다. 잠결에 엄마 목소리가 들려왔다.

"현섭아! 현섭아! 잠깐 일어나 봐."

현섭은 눈을 부스스 뜨고 자리에서 일어났다.

"거실로 잠깐만 나와 봐라."

아버지 목소리에 현섭은 거실로 나갔다. 어두운 거실 한가운데에 촛불이 환하게 켜져 있었다. 케이크 위에 놓인 열 여섯 개의 촛불이 손을 흔들고 있었다. 케이크 바로 옆에 아버지와 엄마가 앉아 있었다.

"오늘이 네 생일인 거 아니?"

엄마의 말에 현섭은 눈물이 핑 돌았다. 울음이 터질 것만 같았다. 고개 숙인 아버지 얼굴에서 눈물이 떨어졌다.

"잘못했어요. 이제부터는 엄마, 아빠 마음 아프게 하지 않을게요……."

"생일날 너 때렸다고 아빠가 얼마나 마음 아파하셨는데……."

아버지는 슬픈 눈으로 현섭을 바라보고 있었다. 아버지는 목메인 소리로 현섭에게 말했다.

"많이 아팠지? 아빠가 너무 속상해서 그랬어. 착하기만 했던 네가 어쩌다 이렇게 됐나 싶어서 말야. 아빠를 이해해라. 자식은 매를 맞고 하루만 아프면 되지만, 부모는 두고두고 마음이 찢어질 듯 아프거든."

"아버지, 제가 잘못했어요."

"너하고 현정이는 엄마, 아빠가 살아가는 이유야. 자식은 부모에게 불씨와도 같은 거야. 어둠을 밝혀 주기도 하고, 때로는 차가운 손을 녹일 수 있는 따스한 불씨가 되기도 하지. 지금은 우리가 아프지만, 아픔이 때로는 길이 될 때도 있어. 고드름은 거꾸로 매달려서도 제 키를 키워가잖아. 아빠는 너를 믿어."

현섭은 젖은 눈으로 케이크의 촛불을 껐다. 엄마가 준 케이크 한 조각을 입 속에 넣었지만 자꾸만 자꾸만 눈물이 나왔다.

사방은 너무나 고요했다. 분주하게 초침을 실어 나르던 시계는 새벽 한 시를 가리키고 있었다.

형의 거짓말

동생이 형에게 말했다.

"형, 아까 돼지저금통에서 꺼낸 돈으로 우리 아이스크림 사 먹자."

"근데, 있잖아. 그 돈 다 잃어버렸어. 백 원짜리 하나만 남았어."

"그렇게 많은 걸 다 잃어버렸어?"

"으응."

형은 거짓말을 했다. 형은 동생 모르게 백 원짜리 동전을 여기저기 주머니 속에 몰래 감춰 두었다. 금방이라도 주머니 속 동전들이 짤랑짤랑 소리를 지르며 나올 것만 같았다.

형은 미안한 마음에 동생과 재미있는 놀이를 시작했다. 형은 너무 신이 나 주머니에 동전이 들어 있다는 것을 깜빡 잊어버렸다. 물구나무서기를 한 순간 주머니 속에 꼭꼭 숨어 있던 동전들이 알밤처럼 우수수 쏟아져 내렸다.

"형, 돈 찾았다!"

동그란 얼굴을 비비며 방바닥에 쏟아지는 동전들을 동생은 신나게 주웠다.

동생은 그 돈으로 아이스크림을 사기 위해 가게 쪽으로 달려갔다.

형은 슬펐다.

아랫목에서 엄마의 가파른 숨소리가 들려왔다. 엄마의 약봉지는 비어 있다.

형의 눈에 눈물이 가득 고여 있었다.

웃으며 손을 내밀어도

유리창으로 들어오는 눈부신 햇살에 경섭은 눈살을 찌푸렸다. 라면이며 사탕, 과자들은 먼지를 뒤집어쓰고 진열대 위에 놓여 있었다. 경섭의 입에서 저절로 한숨이 새어 나왔다.

경섭은 아파트 상가 앞에서 슈퍼마켓을 하고 있었다. 장사가 되지 않아 문을 닫아야 할 지경이었다. 바로 옆 슈퍼마켓에는 손님들이 계산대 앞에 줄을 서서 기다리고 있었다. 경섭은 이웃집 가게를 유심히 살펴보았다. 그 집 주인이 하는 대로만 하면 같은 장소에 있는 자신의 슈퍼마켓이 안 될 리 없었기 때문이다.

경섭의 아내가 계산대에서 꾸벅꾸벅 졸고 있는 그에게 말했다.

"저 집 주인을 보면 손님을 꼭 왕 대하듯 한다구요. 손님 앞에서는 그저 뱀 만난 개구락지마냥 나 죽여 달라고 설설 기는데, 우리도 한번 그렇게 해 봅시다. 밑천 드는 거 아니잖아요."

"그 놈의 주인은 자존심도 없나. 내시처럼 그렇게 굽신거리기만 하면 물건 사러 온 사람들이 왕이나 된 것처럼 행세할 텐데……."

경섭은 아내의 말이 못마땅했다. 하지만 문 닫을지도 모르는 상황에 자존심 따위를 내세울 처지가 아니었다. 그날 이후 두 사람은 속마음을 감추고 친절하게 손님을 대했다.

장사가 조금은 나아졌다. 하지만 가겟세를 내고 나면 남는 돈이 별로 없었다. 뭔가 다른 대책을 강구해야 했다. 경섭이 이것저것 고심하고 있을 때, 그의 아내가 들어왔다. 그의 아내는 경섭 앞으로 뜬금없이 카세트테이프 하나를 내밀었다.

"저 집 보면 계산대 옆에서 항상 찬송가가 흘러나와요. 그러니 예수 믿는 사람들은 죄다 저 집으로 다 뺏길 거 아니에요. 우리도 못할 거 없지요, 뭐. 예수 믿어야 찬송가 틀라는 법 있나요. 자꾸 비린내를 풍겨야 고양이가 오지요."

경섭은 그럴 듯한 아내의 생각에 동의했다. 그날 이후로 그의 가게에서도 찬송가기 울려 퍼졌다. 그들이 기대했던 깃만큼 장사가 잘되진 않았다. 경섭은 잠자리에 들기 전 좋은 방법 하나를 생각해 냈다.

평소보다 두 시간 먼저 가게 문을 열고, 더 늦게 문을 닫는 것이었다. 작은 일부터 새로 시작해야겠다고 다짐했다. 경섭은 새벽에 나가기 위해 일찍 잠을 청했다.

이른 새벽, 거리는 어두웠다. 겨울바람이 함성을 지르며 거리거리로 쏟아져 나왔다. 경섭은 몸을 잔뜩 움츠리고 가게가 보이는 골목길로 들어섰다. 경섭은 놀라지 않을 수 없었다. 옆집 슈퍼마켓에 불이 환했다. 주인은 입김을 내뿜으며 가게 앞을 청소하고 있었다.

경섭은 그와 마주치고 싶지 않아 주뼛주뼛 걸음을 늦추었다. 어둠 속에서 옆집 주인이 하는 행동을 보는 순간, 경섭은 화가 났다. 옆집 주인은 모아 놓은 쓰레기를 삽으로 퍼서 경섭의 가게 앞으로 마구 뿌리고 있었다. 경섭은 옆집 주인의 멱살이라도 흔들어 놓고 싶었다.

"당신, 지금 뭐 하는 거요?"

경섭은 옆집 주인을 향해 버럭 소리를 질렀다.

"안녕하세요? 추운데 일찍 나오셨군요."

옆집 주인은 경섭에게 천연덕스럽게 인사를 하고 가게 안으로 들어갔다. 경섭은 잠시 어리둥절했다. 경섭은 자신의 가게 앞에 뿌려진 것들을 다시 한 번 보았다.

옆집 주인은 쓰레기를 뿌려 놓은 게 아니었다. 지나가던 취객이 밤사이에 경섭의 가게 앞에 토해 놓은 것을 보고, 옆집 주인은 공터에서 모래까지 퍼다가 청소했던 것이다.

경섭은 가게 안으로 들어왔다.

어두운 가게에 앉아 경섭은 많은 생각을 했다. 옆집 주인의 말과 행동은 흉내낼 수 있었지만 사람을 소중하게 생각하는 마음만은 흉내낼 수 없다는 것을 경섭은 비로소 알게 되었다.

경섭은 허탈한 표정을 지으며 웃었다. 하지만 그의 얼굴에는 다른 때와 달리 온화한 빛이 감돌고 있었다.

웃으며 손을 내밀어도 거짓은 사람을 감동시키지 못한다.

사람의 향기

어둠은 바람을 몰고 와 잿빛 저녁 하늘을 몰아내고 있었다. 비가 내렸다. 빗방울은 메마른 도시를 적셔 주었다.

원영 씨는 오랜만에 고등학교 친구를 만났다. 친구는 아버지의 광고 회사를 물려받아 사회적으로 기반을 잡은 30대 사장이었다. 함께한 술자리에서 친구가 말했다.

"원영아, 나 죽는 줄 알았다. 광고 하나 따내는 데 어찌나 애를 먹이던지 아주 혼났다."

"일은 얻어 냈어?"

"너무 까다롭게 굴어서 중간 실무자한테 돈 좀 찔러줬지, 뭐. 그랬더니 자동이야, 자동."

"잘됐다. 요즘 경기도 어려운데……."

"그렇게 사람 속을 태우더니 쉽게 해결됐어. 허긴 돈이면 안 되는 일이 없잖아, 안 그래?"

"있으면 나쁠 거야 없지 뭐……. 그래도 돈이 사람의 마음이 될 수는 없잖아."

원영 씨는 친구의 마음을 상하지 않게 하려고 조심스럽게 말했다.

"세상에 돈 싫다는 놈 없잖아. 있으면 어디 한번 나와 보라 그래. 돈만 있으면 사람의 마음까지 살 수 있다구. 돈 있어야 부모도 대접받고, 친구도 있는 세상 아닌가."

원영 씨는 친구의 말을 쉽게 이해할 수 없었다. 변두리 셋방살이를 하고 있는 자신의 모습이 너무 초라하게 느껴졌다.

"내 생각은 좀 달라. 정근아, 내 말을 언짢게 듣지는 마라. 나라가 어려웠을 때, 돕겠다고 금을 가지고 나온 사람들을 봐라. 서민들이 장롱 속의 아기 돌반지까지 들고나올 때, 돈 있는 사람들의 금덩어리는 눈 감고 귀 막고 꼭꼭 숨어 있었다잖아."

"만일 돌반지가 아니라 금괴였다면 그 사람들이 그렇게 쉽게 들고 나왔을까? 그러지 못했을 거야."

"됐다, 그만두자. 생각이 서로 다를 수도 있지 뭐."

더 이상 말하면 언쟁이 될 것 같아 원영 씨는 그렇게 말했다. 한 시간쯤 지나 자리에서 일어났다. 술집을 나오자마자 친구는 화장실에 가겠다고 했다.

"정근아, 너 많이 취한 거 같으니까 같이 가자. 화장실이 이층에 있어서 위험해."

"아니야, 나 취하지 않았어. 이 정도로 내가 취하냐?"

친구는 원영 씨 손을 뿌리치고 혼자 계단을 올라갔다. 망가진 그네처럼 휘청거리는 그의 모습이 불안했다.

잠시 후 어두운 이층 통로에서 작은 비명 소리가 들렸다. 친구가 계단을 내려오다가 중심을 잃고 넘어진 것이다. 친구 얼굴엔 붉은 산호초가 피어난 것처럼 피가 흘러내리고 있었다. 친구는 다리까지 다쳐 심하게 절고 있었다.

"거 봐, 내가 뭐랬냐. 같이 가자고 했잖아."

"어두워서 계단이 잘 안 보였어."

원영 씨는 손수건으로 친구 머리의 상처 부위를 감쌌다. 원형 씨는 친구를 부축해 건물 밖으로 나왔다.

택시를 잡으려고 손을 흔들었지만, 서너 대의 택시가 그늘 앞에 멈추려다가 쏜살같이 달아나 버리고 말았다. 술에 취해 비틀거리며 얼굴이 피투성이가 된 사람을 태운다면, 요금보다 시트 세탁비가 더 들기 때문이었다. 친구는 택시 요금을 두 배, 네 배로 준다고 소리쳤다. 소용 없는 일이었다. 원영 씨는 급한 마음에 119에 전화했다.

그때, 흰색 승용차 한 대가 미끄러지듯 달려와 그들 앞에 멈췄다. 젊은 남자가 차창 밖으로 얼굴을 내밀었다.
"많이 다치신 거 같은데, 어서 타세요. 근처 병원까지 모셔다 드릴게요."

친구는 병원에 입원했다. 머리에 붕대를 감고 오른쪽 다리에 깁스까지 했다.
"그래도 이만 하기 다행이야. 하나님이 도우셨지."
"그러게나 말야. 하마터면 큰일 날 뻔했어. 그런데 그 사람 연락처라도 알아 놓지 그랬어?"
"연락처를 물어볼 시간이 없었어. 우리 내려 주고 바로 갔거든. 중요한 약속에 늦었다면서……. 참 고마운 사람이야."
"어떻게든 사례를 해야 하는데. 어쩌지?"
친구는 얼굴 가득 아쉬운 표정을 지으며 말했다.
"정근아, 너무 미안해 하지 마. 그 사람이 사례를 바라고 우릴 태워준 건 아닐 테니까."

원영 씨는 친구의 손을 살며시 잡았다.

"정근아, 아까 네가 그랬잖아. 돈만 있으면 세상에 안 되는 게 없다고. 근데 피투성이가 된 너를 병원까지 데리고 온 건 돈이 아니었어. 돈으로는 바꿀 수 없는 사람의 마음이었지."

친구는 말없이 고개를 끄덕였다. 친구 얼굴에 환한 웃음이 피어나고 있었다.

오랜 기다림

중국 허난성 루오양시 교외에 구어팡조 씨와 마음씨 착한 그의 아내가 살고 있었다. 농부인 구어팡조 씨는 우물에서 일을 하다가 깊이가 18미터나 되는 우물에 빠지고 말았다. 급하게 병원으로 옮겨졌지만 뇌를 다친 그는 혼수상태에 빠졌다. 구어팡조 씨는 여러 날이 지나도 깨어나지 못했고, 식물인간 판정을 받았다.

아내 주원샤 씨는 남편을 그렇게 보낼 수 없었다. 남편이 다시 깨어날 거라는 희망을 포기할 수 없었다. 6개월 전에 남편과 결혼한 그녀의 뱃속에 아이까지 자라고 있었다.

주원샤 씨는 남편을 집으로 데려왔다. 더할 수 없는 사랑으로 남편을 간호했다. 움직일 수 없는 남편의 몸을 따뜻한 물로 매일같이 씻어 주고 마사지해 주었다.

  때론 슬픔을, 때론 기쁨을 남편에게 말했지만, 남편은 눈을 꼭 감은 채 아무 말이 없었다. 깨어나지 못할 수도 있다는 불안함을 떨치려고 더욱더 정성껏 남편을 간호했다. 봄꽃이 피어나고 눈이 내리고 세월은 아픔을 거듭했지만 남편은 깨어나지 않았다.

  그러던 어느 날, 믿을 수 없는 일이 일어났다. 주원샤 씨가 방에 들어갔을 때 놀랍게도 남편이 두 눈을 뜨고 해바라기처럼 웃고 있었다. 의사조차 그 사실을 인정하려 하지 않았다. 의식이 돌아온 구어팡조 씨는 오래 전에 불렀던 노래들을 아내와 함께 불렀다 의사의 지시에 따라 몸을 조금씩 움직일 수도 있었고, 2 더하기 3은 5라고 대답하기도 했다.

기적이었다. 그가 몇 년 만에 깨어났는지를 들은 사람들은 아무도 그 사실을 믿으려 하지 않았다. 남편 구어팡조 씨가 잠에서 깨어난 것은 23년 만이었다. 20대의 푸르른 시절에 잠이 든 구어팡조 씨는 50살이 돼서야 긴 잠에서 깨어났다. 사람들은 말했다. 남편이 깨어날 거라는 희망으로 23년의 세월을 바친 아내의 사랑이 하늘을 감동시킨 거라고.

아내 주원샤 씨의 곱던 얼굴에 세월이 나무 등걸처럼 주름져 있었다. 웃고 있는 남편을 바라보는 그녀의 얼굴 위로 아픈 세월이 햇살처럼 부서져 내렸다.

선생님의 꽃씨

선생님은 따뜻한 봄이 되면 학생들에게 꽃씨를 나눠 주었다.

"이 조그만 꽃씨 안에는 꽃과 줄기와 잎이 들어 있고, 이 씨앗을 닮은 씨앗도 함께 들어 있습니다. 마찬가지로 우리가 살아가는 현재는, 현재 속에 미래를 그대로 담고 있습니다. 씨앗 속에 꽃이 들어 있듯 현재 속에는 미래의 꽃이 아름답게 자라고 있습니다. 씨앗을 땅에 심지 않고 두면 말라죽는 것처럼 현재의 시간들을 우리 마음속에 정성껏 심어 두지 않으면, 나중에 꽃을 보고 싶어도 볼 수가 없습니다."

학생들은 교실 옆에 있는 햇볕이 든 화단에 꽃씨를 심었다. 선생님은 아이들의 이름을 적은 표찰을 화단 앞에 세우며 말했다.

"여기서 싹이 나오든 안 나오든, 예쁜 꽃이 피어나든 그렇지 않든 이 씨앗들의 운명은 바로 여러분의 몫입니다. 머지않아 이 화단을 수놓을 꽃들을 통해 여러분이 내일을 배워 나갈 수 있기를 바랍니다."

따뜻한 손길

 밍밍한 도시의 하늘 위로 잠자리 떼가 날아다녔다. 고추잠자리 한마리가 유영하듯 날아가는 잿빛 하늘 위로 가을이 미끄러지듯 지나가고 있었다. 미수 씨는 저녁 찬거리를 준비하기 위해 시장으로 걸어갔다. 시장에서 조금 떨어진 곳에서 시끄러운 소리가 들려왔다. 사람들이 모여 있는 틈 사이로 표독스러운 사내 얼굴이 보였다.
 "아줌마, 내가 여기서 장사하면 안 된다고 했지요. 아줌마 귀먹었어요?"
 '거리질서 확립'이라고 쓰여진 완장을 두른 사내는 잡아먹을 듯 아줌마를 노려보고 있었다. 일행으로 보이는 또 한 사내가 뒷짐을 지고 그 옆에 서 있었다.

"죄송해요……. 근데요, 아무리 찾아봐도 장사할 곳이 여기밖에는 없어요. 높으신 분들이 저희 같은 사람 한 번만 봐주세요."
"아니, 봐줄 걸 봐달라고 해야지. 이 아줌마 참 답답하네. 벌써 몇 번짼 줄 알아요? 윗사람들이 보고 나 잘리면 아줌마가 밥 먹여 줄 겁니까?"
"정말 죄송해요. 이거 없으면 우리 식구 모두 굶어야 합니다. 어려우시겠지만 어떻게 한 번만 봐주세요."
"죄송이구 뭐고, 여기는 정화 구역이라 대통령도 장사 못해요."
두 손을 모은 채 고개를 조아리는 아주머니의 모습은 마치 죄인 같았다. 기세등등한 사내는 말없이 옆에 서 있던 동료에게 침까지 튀기며 말했다.
"여기다가 죄판 한 번만 더 차리면 차로 실어가겠다고 했는데도 저 모양이니 말로는 도저히 안 되는 아줌마야. 어서 실어가자구."
"요번 한 번만 더 봐주죠."
"안 돼. 한두 번 봐주다 보면 결국은 눌러 앉는다니까. 어서 그쪽 들어."
사내는 주황색 낟알이 가득 담겨 있던 플라스틱 통을 번쩍 들었다. 감을 파는 아주머니는 사내의 팔뚝을 잡고 필사적으로 매달리기 시작했다.
"제발 부탁이에요. 이러지들 마세요. 제발요."

아줌마는 울먹이며 애원했다. 그 광경을 지켜보던 미수 씨가 참다못해 끼어들었다.

"아저씨, 그걸 가져가진 마시죠. 여기서 못하면 다른 곳에서 장사해야 하니깐요."

"아줌마도 참견 마소. 나도 하고 싶어 이러는 거 아니니까."

사내는 미수 씨 말에 못을 치고는 감이 담긴 통을 트럭 뒤쪽에 내동댕이쳤다. 그 순간 단감들이 쏟아져 내리며 제멋대로 굴러갔다. 아주머니는 더 이상 어쩌지 못하고 땅바닥에 주저앉았다. 아주머니는 실밥이 팽이버섯처럼 늘어진 옷소매로 메마른 눈물만 찍었다.

그때, 한 젊은이가 달려왔다. 젊은이는 차도 한쪽에 세워져 있는 운반차량 뒤쪽으로 재빨리 뛰어올랐다.

"지금 뭐 하고 있는 거야. 공무집행 중이라는 거 몰라?"

사내는 위협적인 목소리로 말했지만, 그는 들은 척도 하지 않았다. 그는 아무렇게나 흩어져 있는 감들을 주섬주섬 통에 담았다.

"자네가 하는 일이 법에 어긋난다는 것 알아?"

"그건 잘 모르겠어요. 아저씨, 깨끗한 거리를 만들어야 한다고 가난한 사람들을 거리에서 내몰아야 하나요?"

"자네 지금 나한테 설교하는 건가?"

"그렇게 생각하셨다면 용서하세요. 하지만 감을 팔아야 생계를 이어갈 수 있는 아주머니를 생각해서라도 가져가진 말아주세요. 부탁드립니다."

"내가 어디 한두 번 말했는 줄 알아!"

"아저씨 부탁드릴게요. 사람에게 빼앗겨서는 안 되는 것들이 있잖아요."

젊은이의 말을 듣고 있던 사내 얼굴이 이전보다 많이 누그러졌다. 그는 잠시 난감한 표정을 짓더니 담배를 피워 물었다.

"나도 하고 싶어서 하는 일 아냐. 없는 사람 가슴에 못 치는 일이 뭐 신나는 일이라구. 목구멍이 포도청이라 할 수 없이 하는 일이지."

사내는 허탈하게 웃었다. 사내는 슬그머니 그곳을 떠나 버렸다. 땅바닥에 앉아 있던 아줌마는 안도의 한숨을 쉬었다. 젊은이는 감이 담긴 플라스틱 통을 들고 아주머니에게 다가갔다.

"고마워요, 학생. 너무 고마워요"

"많이 속상하셨지요. 사실은 제 어머니도 이 시장 안에서 장사를 하세요. 저의 어머니도 처음엔 많이 쫓겨 다니셨대요."

그의 눈빛 속엔 무리 밀힐 수 없는 힘이 가득 차 있었다. 그는 아주머니가 봉지에 담아 준 단감을 끝끝내 받지 않고 어스름 길을 따라 총총히 사라졌다. 그의 뒷모습을 바라보던 미수 씨 얼굴 위에 웃음이 번졌다. 미수 씨는 허탈한 표정을 짓고 있는 아주머니 앞에 쪼그려 앉았다.

"아주머니 봉지 큰 걸루 하나 주세요."

"감에 흙이 묻어서 어쩌나. 깨끗한 감만 골라 가세요"

"어차피 깎아먹을 건데요, 뭐."

"그나저나 어디로 가야 할지 걱정이네요. 이짓 아니면 먹고살기도 힘든데……."

아주머니는 넋을 놓고 땅만 바라보고 있었다. 무어라 위로할 수 없었던 미수 씨는 봉지 가득 단감만 담았다.

"많이 파세요, 아주머니."

"네, 고맙습니다."

시장 안으로 들어서는 길가에서 미수 씨는 김이 들어 있는 봉지를 열어 보았다. 멍들고 깨진 감들만 가득 담겨 있었다. 미수 씨 얼굴 위로 가을 햇살이 꽃송이처럼 내려앉고 있었다.

물구나무서기

　보증 서 주었던 절친한 친구가 자취를 감춘 뒤, 정호는 여러 날 잠을 이룰 수 없었다. 만일 친구가 돌아오지 않는다면 집까지 이사해야 할 형편이었다. 내년이면 대학에 들어갈 딸과 고등학생이 될 아들의 얼굴을 보면 그의 마음은 어느새 고개 숙인 난쟁이가 돼 버렸다.

　정호가 대문을 나설 때, 그의 아내가 말했다.

　"너무 걱정하지 마세요. 모두 잘 될 거에요."

　"믿을 놈 하나 없으니 앞으로 어떻게 살아가야 할지 막막하네. 한 번도 아니고 두 번씩이나 이렇게 흉한 꼴 당하고 나니까 이젠 아무도 못 믿겠어."

"기도하고 있으니까 어떻게든 길을 주시겠지요. 너무 걱정하지 말아요."

정호는 아내 말에 무심히 고개만 끄덕였다. 40일 작정하고 새벽 기도를 나가는 아내의 희망이 정호는 오히려 부담스러웠다.

정호의 가슴은 앞날에 대한 불안과 사람들에 대한 불신으로 가득 차 있었다. 뜨겁지도 않고 차갑지도 않은 밋밋한 삶을 살아왔지만 인간에 대한 예의를 소중하게 생각하는 정호였다. 그런 그에게 친구의 배신은 감당할 수 없는 아픔이었다.

정호는 매일 아침이면 아파트 뒷산에 올랐다. 햇빛을 감고 단아하게 흔들리는 떡갈나무 잎새도 그의 눈에 들어오지 않았다. 푸른 나무 위로 포로롱 날아다니는 산새들에게 예전처럼 눈길을 주지도 않았다.

정호는 숨을 헐떡이며 산의 중간쯤에 올랐다. 산 아래쪽에는 초등학교가 하나 있었다. 학교가 내려다보이는 곳에 철조망 울타리가 있는데 한 남자아이가 철조망에 바싹 다가앉아 있었다. 아이는 굵은 나무 막대를 지렛대로 삼아 철조망 아래쪽을 사정없이 들어올리고 있었다. 지름길을 만들기 위해 울타리를 망가뜨리는 아이를 정호는 그대로 둘 수 없었다.

"얘, 그런 짓 하지 마라. 그게 뭐하는 짓이야. 많은 돈 들여 만들어 놓은 걸……."

"……."

 정호의 말에 아이는 딴청을 부렸다. 아이는 슬그머니 자리에서 일어나 언덕 아래쪽으로 사라져 버렸다.

 "어른 아이 할 것 없이 이렇게들 양심 없이 사니까 세상이 거꾸로 돌아가지……."

 정호는 잔뜩 찌푸린 얼굴로 혼잣말을 해댔다.

 우울한 마음을 달래 보려고 오른 산에서 정호는 불신의 유리조각만 마음속에 꽂으며 산을 내려와야 했다.

 다음 날도 정호는 뒷산에 올랐다. 며칠째 산을 오르지만 막막하기는 마찬가지였다. 산길을 막 들어섰을 때, 키 큰 나무 아래로 거미 한 마리가 거미줄에 제 몸을 늘어뜨리고 아롱아롱 매달려 있었다. 거미는 위쪽을 향해 오르려 바둥거렸지만 허공을 휘저으며 제자리걸음만 할 뿐이었다. 거미는 그 무게를 끌어올리지 못하고 힘겨워했다.

 정호는 거미의 모습이 자신의 모습일지도 모르다고 생각하며 거미를 바라보았다. 정호는 팔을 길게 뻗어 거미줄에 매달려 있는 나뭇잎을 떼어 주었다. 거미는 날쌘 동작으로 나무 위를 향해 거미줄을 당기기 시작했다.

 정호는 평소보다 느린 걸음으로 산에 올랐다. 산을 넘어갈 무렵, 정호는 걸음을 멈췄다. 바로 전날 아이가 망가뜨려 놓은 철조망 앞

이었다. 사람 머리가 들어갈 정도로 구멍이 난 철조망 안에는 흰쌀밥이 담긴 그릇이 있었다. 하얀 플라스틱 그릇에는 '집 없는 쌈지에게 먹을 걸 주세요.'라고 적혀 있었다. 그 옆에 물그릇도 있었다.

가까운 곳에 어미 개 한 마리와 어미를 쏙 빼닮은 새끼 강아지 한 마리가 경계의 눈빛으로 정호를 바라보고 있었다. 어미 개가 느린 걸음으로 다가와 밥그릇 앞에 오두마니 앉았다. 또롱또롱한 눈빛의 새끼 강아지도 쪼르르 어미 곁으로 다가왔다. 안타깝게도 어미 개는 호미처럼 휘어진 한쪽 다리를 심하게 절룩이고 있었다.

정호는 그제서야 아이가 학교 울타리에 구멍을 낸 이유를 알았다. 집을 잃고 다리까지 다친 채 산속에서 살아가는 개들에게 먹이를 주려고 아이는 울타리에 구멍을 냈던 거였다. 절룩이는 어미를 그림자처럼 따라다니는 어린 강아지를 바라보며 정호의 마음은 몹시 짠했다. 전날 만났던 아이에게 미안한 마음이 들었다.

눈에 보이는 것만으로 세상을 보려 했던 자신을 향해 정호는 나무라 듯 속삭였다.

"세상이 물구나무를 선 게 아니라, 내 마음이 물구나무를 서 있구먼. 그러니 모두 나 서꾸도 보일밖에······."

정호가 뉘우침으로 한숨을 뱉어낼 때, 아침에 들었던 아내의 말이 생각났다.

"새벽 예배를 하루도 빠짐없이 나오시는 할아버지가 있어요. 중

풍으로 고생을 하시는데 오늘 새벽에는 교회 앞에서 할아버지를 만났거든요. 한 걸음 한 걸음 걷는 모습이 너무도 힘겨워 보이길래 도와드리려고 갔더니, 웃으며 사양하시더라구요. 그래서 나 먼저 앞서 걸었어요. 뒤에서 할아버지 목소리가 들려왔어요. 한 걸음 한 걸음 걸을 때마다 '주여, 힘을 주소서…….'라고 말씀하시는데 얼마나 은혜스럽던지요."

눈물을 글썽이던 아내의 말이 정호의 가슴속으로 성큼 들어왔다. 한 걸음을 걷기 위해 기도해야 하는 중풍병 할아버지처럼, 어둡고 안개 자욱한 길을 걸으며 소리 없이 기도해야 하는 게 인생인지도 모른다고 정호는 생각했다.

정호는 고개를 들어 하늘을 바라보았다. 얼굴 가득 맑은 햇살이 쏟아졌다.

"그래, 모든 게 다 잘 될 거야. 빛은 어둠 속에서 더 찾기 쉬운 법이니까……."

풀 냄새 가득한 초록 바람이 정호의 얼굴을 스치고 지나갔다. 두 팔을 힘차게 저으며 걷고 있는 정호의 걸음 위로 배추꽃흰나비 한 마리가 팔랑팔랑 춤을 추며 따라오고 있었다.

사랑은 누군가의
가슴에 남아

 성렬 씨에겐 잊을 수 없는 사촌 형이 있다. 형과 아주 특별한 추억이 있는 것도 아니었다. 추석이나 설날 같은 명절이 되면 만났을 뿐 자주 만난 것도 아니었다.

 성렬 씨가 초등학생이었을 때 중학생이었던 사촌 형은 만화 가게로 성렬 씨를 데려가 떡볶이 한 판을 사 주었다. '한 접시'가 아니라 '한 판'이었다. 맛은 별로 없었지만 성렬 씨는 그때만큼 떡볶이를 그렇게 흡족히 먹어본 적이 없었다. 형은 깡패였고 결국 고등학교도 졸업하지 못했다. 형의 배와 팔엔 사납게 보이는 흉터도 여러 개 있었다.

성렬 씨의 사촌 형은 검정고시로 고등학교를 졸업하고 야간 대학을 졸업했다. 그로부터 한참 뒤, 성렬 씨가 대학생이 되었을 때 사촌형은 성렬 씨에게 가끔씩 용돈을 주기도 했다. 성렬 씨에겐 천 원이 아쉬웠던 시절이었고, 누구도 성렬 씨에게 용돈을 주지 않았었기에, 사촌 형이 준 몇 만 원의 돈은 그 후로도 오래도록 잊히지 않았다.

어느 설날이었다. 큰집 한쪽 방에 누워 성렬 씨가 슬며시 잠들었을 때 누군가 다가와 조심스럽게 이불을 덮어 주고 나갔다. 사촌 형이었다. 밥을 먹을 때도 사촌 형은 맛있는 음식을 말없이 성렬 씨 앞에 놓아주기도 했다.

세월이 한참 지났다. 사촌 형이 하던 사업이 부도났다. 집에도 들어갈 수 없는 사촌 형을 성렬 씨는 어찌어찌 해서 만날 수 있었다. 성렬 씨는 십 만원도 되지 않는 돈을 형에게 주었다. 형에게 미안했지만 지갑에 있던 전부였다. 성렬 씨를 바라보는 형의 눈에 눈물이 고여 있었다.

그 후 몇 년이 지난 어느 날 사촌 형이 과로로 쓰러졌다. 혼수상태에 빠진 형에게 갔을 때, 형은 병원 침대에 누워 눈을 감고 있었

다. 형의 손을 잡고 있는 성렬 씨 눈가로 눈물이 흘러내렸다. 사촌 누나가 사촌 형의 몸을 흔들며 말했다.

"성렬이 왔어. 동생 성렬이가 왔다고……. 성렬이가 누군지 알지? 누군지 알면 눈 좀 떠 봐……."

의식은 있었지만 형은 끝끝내 눈을 뜨지 못했다. 성렬 씨가 굳게 잡은 형의 손에서 살며시 힘이 느껴졌다.

그로부터 몇 개월 뒤, 성렬 씨가 폐렴으로 병원에 입원하고 있을 때 사촌 형은 하늘나라로 갔다. 형의 어린 딸이 아빠의 죽음을 실감하지 못하고 장례식장에서 뛰어놀고 있었다는 말을 전해 들었을 뿐, 입원 중이었기 때문에 성렬 씨는 사촌 형의 장례식장에도 갈 수 없었다. 성렬 씨는 마음이 많이 아팠다.

성렬 씨는 시간이 지날수록 형이 더 생각났다. 사촌이라는 혈연 때문만은 아니었다. 형이 사 주었던 떡볶이, 용돈, 따스한 이불, 자기 앞에 놓아준 맛난 음식들……. 어쩌면 이런 작은 것들 때문에 성렬 씨는 형을 잊지 못하는 것일지도 모른다고 생각했다. 형이 과로로 쓰러져 병원에 누워 있을 때, 마지막 잡은 손에서 느꼈던 연약한 인간에 대한 연민 때문에 형을 잊지 못하는 것일지도 모른다고 성렬 씨는 생각했다.

아기는 기억할 것이다

버스 안에서 아기가 울고 있었다.

아기 울음소리에 인상을 쓰는 젊은 여자들도 있었다.

머지않아 자기도 아기 엄마가 될 거라는 생각을 하지 못했던 모양이다.

아기 아빠는 아기 이마에 맺힌 땀방울을 손수건으로 닦아 주었다.

아빠 가슴에 안긴 아기의 젖은 눈에서 별이 반짝였다.

아기는 기억할 것이다.

여러 사람의 눈총을 받으며 민망함으로 두근거렸을 엄마의 심장소리를,

막무가내로 울어 대는 아기에게 짜증 한번 내지 않고 달래 주던

아빠의 따뜻한 숨소리를…….

어미 새의 사랑

영훈이 어릴 적 시골 외갓집에 놀러 갔을 때의 일이다. 영훈은 친구들과 함께 뒷동산에 올라갔다가 둥지 밖으로 나온 새끼 까치 한 마리를 잡았다. 새끼 까치를 손에 쥐고 신이 나서 집으로 왔다. 영훈이는 새끼 까치를 감나무 아래 밑동에 매어 놓았다.

감나무 꼭대기에서 새 한 마리가 울기 시작했다. 까치였다. 몇 시간이 지나도록 까치는 감나무를 떠나지 않았다. 잡혀 온 새끼 까치의 어미였다.

불쌍한 새끼 까치를 빨리 놓아주라는 사촌 형의 말을 영훈은 듣지 않았다. 어두운 밤에도 어미 새의 울음소리는 그치지 않았다.

다음 날 아침, 영훈은 일찍 일어나 새끼 까치에게 먹일 메뚜기를 잡으러 뒷동산에 올라갔다. 이슬에 바지가 다 젖도록 돌아다닌 뒤 메뚜기 몇 마리를 잡을 수 있었다. 집으로 돌아와 보니 이상한 일이 벌어졌다. 까치 주변에 죽은 메뚜기와 거미 몇 마리가 있었다.

"혹시 형이 이 새에게 먹이를 준거야?"

"아니."

"참, 이상하네."

새끼 까치에게 먹이를 넣어 준 사람은 없었다. 어미 까치가 새끼에게 먹이를 물어다 준 것이 틀림없었다.

영훈은 자신이 새끼 까치를 키울 수 없다는 것을 알았다. 영훈은 새끼 까치가 어미 품으로 돌아갈 수 있기를 바라며 동산으로 새끼 까치를 날려 보내 주었다.

아이를 구한 청년

북새통을 이루던 지하철도 휴일 밤늦은 시간엔 한산했다. 밤하늘이 보이는 승강대에 서서 정임 씨는 시계를 봤다. 십 분이 지났는데도 전동차는 오지 않았다. 안산 방향으로 가는 전동차만 두 대가 지나갔다. 종종걸음을 하며 사람들이 서 있었다. 겨울바람이 불어왔다. 정임 씨는 따가운 바람에 고개를 돌리고 어금니를 지그시 깨물었다. 초조한 마음에 다시 시계를 들여다보았다. 바로 그때, 아주 끔찍한 일이 일어났다.

"안 돼, 태호야!"

눈 깜짝할 사이에 일곱 살 된 아들 태호가 승강장 아래쪽으로 떨어져 울고 있었다. 떨어뜨린 장난감 비행기를 주우려고 태호가 철로로 뛰어내린 거였다.

"엄마! 엄마!"

아이는 아픈 무릎을 감싸 쥐며 숨넘어갈 듯 울고 있었다.

"태호야! 빨리 이쪽으로 와서 엄마 손 잡아."

갓난아이를 등에 업고 있던 정임 씨는 승강대 모서리에 발끝을 걸치고 다급한 목소리로 말했다. 아이가 정임 씨 쪽으로 발걸음을 떼는 순간, 전동차가 들어온다는 다급한 신호음이 들려왔다. 더 이상 지체할 시간이 없었다. 정임 씨는 등에 업은 아이를 내려놓고 철로로 뛰어내리기 위해 포대기 앞끈부터 풀었다.

"태호야! 잠깐만 엄마가 금방 내려갈게."

정임 씨는 울고 있는 아이를 향해 더듬더듬 말했다. 정임 씨의 손이 몹시 떨리고 있었다.

"엄마! 빨리 내려와. 무서워!"

"그래. 태호야, 엄마 금방 내려갈게."

역으로 들어오는 전동차의 굉음 소리가 아주 가까이에서 들려왔다. 설상가상으로 반대 방향에서도 지하철이 들어온다는 신호음이 들려왔다. 정임 씨는 눈앞이 캄캄했다.

"태호야! 저기 가운데로 가 있어. 엄마가 내려갈 테니까. 어서, 빨리 저쪽으로 가!"

"엄마! 엄마! 엄마!"

정임 씨는 아이에게 전동차가 교차하는 중간 지점으로 가라고 말했지만 아이는 말을 듣지 않았다. 정임 씨는 헐거워진 포대기 끈을 다시 고쳐 맸다. 아이를 업은 채 뛰어 내리려고 굽 높은 신발을 벗었다. 그 순간 멀리서 한 청년이 정임 씨 쪽으로 달려왔다. 그는 승강장 아래로 쏜살같이 뛰어내렸다.

청년은 아이를 번쩍 안아 승강장 위로 올려놓았다. 전동차의 불빛이 그를 삼키기 바로 직전, 그는 승강대 위로 간신히 뛰어올랐다. 괴물처럼 커다란 전동차가 그 누구라도 잡아먹을 듯 으르렁거리며 승강장 안으로 들어왔다.

정임 씨는 아이를 붙들고 바닥에 주저앉아 울었다. 옆에 앉아 있던 청년의 이마와 콧등에도 땀방울이 송글송글 맺혀 있었다. 청년의 옷은 실곰팡이처럼 더러운 먼지가 덕지덕지 붙어 있었다.

"고맙습니다. 정말 고맙습니다."

청년의 손을 잡은 정임 씨의 목소리는 떨리고 있었다.

"아이는 괜찮지요?"

"네, 괜찮아요."

"어디 다치진 않으셨어요?"

"저는 괜찮아요. 아이가 많이 놀랐겠네요."

"몇 초만 늦었어도 큰일 날 뻔했어요. 고맙습니다. 정말 고맙습니다."

정임 씨는 고맙다는 말만 거듭했다. 바지며 웃옷에 묻은 먼지를 털어내며 청년이 말했다.

"저는 화장실에 가서 씻고 가야겠네요. 아가야. 다음부터는 이런데서 뛰어내리지 마. 위험하니까. 엄마가 많이 놀라셨잖아."

청년은 아이의 머리를 쓰다듬으며 웃고 있었다. 청년은 계단을 향해 걸어갔다. 그의 뒷모습을 바라보는 정임 씨 눈가로 눈물이 흘러내렸다. 정임 씨는 그를 향해 다시 소리쳤다.

"정말 고맙습니다. 살아가면서 잊지 않을게요."

조그만 체구의 청년은 고개를 돌려 꾸벅 인사를 했다. 청년은 계단 손잡이를 잡고 짧고 가느다란 한쪽 다리를 절룩거리며 힘겹게 계단을 올라가고 있었다.

우리 함께 사는 동안에

　수유역 지하도를 빠져나온 정수 씨는 까칠한 얼굴을 어루만졌다. 거리에 어둠이 내리기 시작했다. 할머니 한 분이 지하철 출입구에서 싸구려 양말을 팔고 있었다. 해거름 무렵 내린 진눈깨비로 거리는 을씨년스럽게 젖어 있었다. 정수 씨는 가던 길을 멈추고 양말을 파는 할머니 얼굴을 물끄러미 바라보았다.
　"양말 좀 사 가세요. 두툼한 게 참 따뜻해요."
　정수 씨는 양말이 널려 있는 비닐 포대 잎으로 성큼 다가섰다.
　"얼마예요, 할머니?"
　"한 켤레 천 원밖에 안 해요. 몇 켤레나 드릴까요?"
　"잠깐만요."

정수 씨는 수북이 쌓여 있는 양말을 뒤적거렸다. 한 노신사가 정수 씨 옆으로 다가와 앉았다.

"할머니, 이 양말 얼마지요?"

회색 코트에 중절모를 쓴 노신사의 목소리는 따스했다.

"하나에 천 원이에요. 보기엔 이래도 아주 따뜻해요."

"그래요? 그럼 열 켤레만 싸 주시죠."

정수 씨는 노신사의 얼굴을 찬찬히 바라보았다. 눈썹까지 하얗게 눈이 내린 노신사는 얼굴 가득 환한 미소를 짓고 있었다. 미소 속엔 슬픔을 넘어선 아름다움이 있었다.

"할멈 없이 혼자 사니까 매일 양말 빠는 것도 일이더라구요."

"네에, 그러시겠지요."

"많이 파셨어요, 할머니?"

"웬걸요. 낮에 아들네 집 다녀오느라 이제야 겨우 나왔는걸요."

"춥지는 않으세요? 연세도 많으신 것 같은데."

"왜 안 춥겠어요. 근데 젊어서부터 해 온 일이라 이 정도 추위는 아무 것도 아니에요. 추운 겨울이 있어야 봄 따뜻한 줄도 알지요."

"추위가 빨리 가야지 원."

노신사는 지갑에서 돈을 꺼냈다.

"할머니, 열 장 맞을 겁니다. 늙으니까 눈이 어둬서 돈 세기도 힘들어요."

"맞겠지요, 뭐. 길 미끄러울 테니 조심해서 가세요."
"네."

노신사가 가고 난 뒤, 정수 씨는 양말 세 켤레를 샀다.

정수 씨는 역 바로 앞에 있는 커피숍에 앉아 친구를 기다렸다. 친구는 한 시간이 넘도록 오지 않았다. 창밖은 어두웠고, 입김을 뿜으며 지나가는 사람들의 모습이 을씨년스러웠다. 정수 씨는 지하도 입구 쪽을 바라보았다. 양말을 파는 할머니는 추운 날씨에도 꾸벅꾸벅 졸고 있었다. 사람들은 주머니에 손을 넣고 종종걸음을 하고 있었다.

일자리를 구해 주기로 한 친구는 아홉 시가 넘도록 오지 않았다. 정수 씨는 쓴 약 같은 기침을 뱉으며 커피숍을 빠져나왔다.

정수 씨가 지하철역까지 왔을 때, 할머니가 양말을 싼 보따리 위에 앉아 있었다. 할머니는 다람쥐처럼 웅크리고 앉아 시린 발바닥을 주무르고 있었다.

"들어가시게요, 할머니?"

"으스스 춥고, 양말도 팔리지 않아서 그만 들어가려구요. 그런데 돈 임자기 오길 잃네요."

"돈 임자라니요?"

"아니, 세 사람한테 양말을 팔았으니 뻔한 돈 아니겠소. 근데 만 원짜리 세 장이 더 있으니, 돈 더 주고 간 사람은 얼마나 속 타겠소. 아까 그 할아버지가 아닌가 싶은데……. 늙으면 눈도 다 소용 없다니깐. 천 원짜린 줄 알고 만 원짜리를 받은 나도 눈 뜬 장님이 지요."

할머니가 혀를 끌며 말했다.

"할머니, 날도 추운데 이제 그만 들어가세요."

"그럼 안 되지요. 우리 막둥이가 학교 선생님인데, 내가 돈 때문에 못된 마음먹으면 안 되지요."

할머니는 하품을 하며 야윈 몸을 움츠렸다. 정수 씨는 지하철 계단을 내려왔다. 정수 씨 마음 깊은 곳에서 돌아가신 어머니 얼굴이 출렁거렸다.

양말 할머니에게 준 만 원짜리 세 장은, 천둥치는 세월을 살다 가신 어머니에 대한 속죄였다. 정수 씨 눈가에 눈물이 고여 왔다. 먹먹한 가슴으로 그리움이 몰려왔다. 눈물 젖은 어머니가 정수 씨 가슴속으로 뚜벅뚜벅 걸어 들어왔다.

'어머니. 스무 살 아들은 나이 사십을 넘겨서야 세상 밖으로 나왔습니다. 추운 시장 바닥에서 콩나물 팔아가며, 감옥에 있는 아들 뒷바라지하시다 돌아가신 당신의 사랑을 어떻게 보답해야 하나요. 철창 안에 아들을 두고 깡마른 얼굴 위로 흘리시던 당신의 눈물을 이제 와서 어떻게 닦아 드려야 하나요.'

눈물을 흘리는 정수 씨 앞에
어머니 모습이 그림자처럼 서 있었다.

다가서면 멀어지고, 다가서면 다시 멀어지면서
돌아가신 어머니는 희미한 어둠 속으로 사라져 버리고 말았다.

하나의 달빛이 천 개의 강을 비춘다

테레사 수녀의 조국은 유고슬라비아였다. 테레사 수녀는 로레토 성모 수녀회에서 학생들에게 지리와 역사를 가르쳤다. 인도의 귀족 집 아이들을 가르치는 성마리아 학교의 교장 선생님이 되기도 했다.

어느 날, 기차 여행 중 그녀는 하나님의 음성에 귀를 기울였고 큰 깨달음을 얻었다. 그 후 테레사 수녀는 가난과 질병으로 고통 받는 사람들의 친구가 되기로 결심했다. 테레사 수녀는 자신이 누리고 있던 안락함을 버리기 위해 수녀원을 나왔다.

테레사 수녀는 자신의 건강도 돌보지 않고 낮은 곳에 있는 이들을 섬겼다. 병들어 길에서 죽어가는 사람들을 데려와 정성껏 보살펴 주었고 가엾은 고아들을 보살펴 주기도 했다. 문둥병 환자의 손에 입을 맞추었고 에이즈로 죽어 가는 이들을 안아 주기도 했다.

그녀는 단체에서 주는 세탁기도 받지 않았다. 가난한 사람처럼 살아야 가난한 사람들을 이해할 수 있다고 테레사 수녀는 말했다. 가진 것이 많을수록 줄 수 있는 것은 적다고 그녀는 말했다. 과로로 인해 그녀는 심장병에 걸렸다. 병과 사투를 벌일 때도 가난한 사람들처럼 죽게 해 달라고 그녀는 치료를 거부했다.

누군가 날 선 눈빛으로 테레사 수녀에게 물었다.

"하나님이 계시다면 왜 이렇게 많은 사람들이 가난과 질병으로 죽어가지요? 아무런 죄도 없는 사람들이 이렇게 거리에 버려져 죽어 가는데도 하나님이 있단 말입니까?"

그의 물음에 테레사 수녀는 담담한 목소리로 말했다.

"하나님께서 병든 자와 가난한 자의 모습으로 우리 곁에 오셨는데 우리가 모르는 척 외면했을 뿐입니다."

테레사 수녀는 종교를 뛰어 넘어 세계인의 존경을 받았다. 어떤 탄압도 그녀의 사랑을 막지 못했다. 1979년 그녀는 노벨평화상을 받았다. 그녀가 받은 노벨평화상은 인류 역사상 가장 인정할 수 있는 노벨평화상 중 하나라고 사람들은 입을 모아 말했다.

테레사 수녀는 말년까지 심장병과 말라리아로 사투를 벌였다. 그녀는 죽는 날까지 인간에 대한 연민과 사랑을 놓지 않았다. 만일 그녀가 고난과 헌신의 길을 택하지 않았다면 그녀는 세상을 비추는 환한 등불이 되지 못했을 것이다. 테레사 수녀는 하나님이 우리가 사는 세상을 위해 매달아 놓은 환한 등불이었다.

그녀는 87세를 일기로 세상을 떠났다. 그녀는 "예수님, 사랑합니다. 예수님, 사랑합니다."라는 마지막 말을 남기고 고요히 눈을 감았다. 1997년 9월 5일, 그녀의 죽음으로 인류는 큰 빛 하나를 잃었다. 그리고 '불멸의 빛' 하나를 얻었다.

문학 강연

서울에 있는 '아차산'에서 종태 씨의 문학 강연이 있는 날이었다. 휴일이라 산을 오르내리는 사람들도 많았고 강연장에 앉아 있는 사람들도 많았다. 숲속 강연장은 맑고 아름다웠다.

종태 씨는 '아픔도 길이 된다'는 주제로 두 시간 동안 강연을 했다. 종태 씨는 온갖 고난과 아픔을 이겨 내고 역사에 이름을 남긴 사람들의 이야기를 들려주었다. 어둠 속에서만 깨닫게 되는 것이 있다고, 오직 아픔을 통해서만 깨닫게 되는 것이 있다고 종태 씨는 말했다.

종태 씨는 강연을 모두 마치고 강연대 앞에 서 있었다. 백발의 할아버지가 느릿느릿 종태 씨를 향해 걸어왔다. 할아버지는 환하게 웃으며 종태 씨에게 악수를 청했다.

"고맙습니다. 고생 많으셨어요. 정말로 유익한 시간이었습니다. 그런데요……. 그런데 말입니다……."

할아버지는 목이 메어 말을 잇지 못했다. 종태 씨는 조심스럽게 할아버지의 손을 잡았다. 할아버지가 손등으로 눈물을 닦으며 종태 씨에게 말했다.

"사실은 저도 아픔이 많았습니다. 아픔을 이기지 못하고 저는 이렇게 주저앉아 버리고 말았어요. 죽어라 발버둥쳐도 자꾸만 쓰러지는 걸 어쩌겠어요. 나도 그랬고 내 아들도 그랬어요……."

할아버지의 메마른 뺨을 타고 눈물이 흘러내렸다.

"……할아버지, 죄송합니다."

"아닙니다. 많이 배웠습니다."

할아버지는 울음 섞인 목소리로 말했다. 종태 씨는 마음이 몹시 아팠다. 아픔은 길이 될 수 있다고, 아픔을 통해서만 볼 수 있는 것들이 있다고 종태 씨가 힘주어 말했을 때, 백발의 할아버지는 모든 인생이 그런 건 아니라고, 다시 일어설 수 없는 아픔도 있는 거라고 눈물로 말했다.

떡 할머니

　서영이 할머니는 한 달에 한 번 고아원에 가셨다. 고아원은 할머니가 태어나신 고향에서 멀지 않은 곳에 있었다. 고아원에 가는 날이면 할머니는 전날부터 엄마와 함께 아이들에게 줄 음식을 준비하셨다. 과자나 과일도 준비했지만 언제나 빠지지 않는 음식은 떡이었다. 고아원 아이들은 서영이 할머니를 '떡 할머니'라고 불렀다.

　서영이도 가끔 할머니를 따라 고아원에 갔다. 아이들과 하루를 보내고 돌아오는 길에서 서영이는 할머니에게 묻곤 했다.

　"할머니, 아이들은 왜 고맙다는 말도 안 하지? 할머니가 맛있는 음식을 해다 주는 걸 당연하게 생각하는 것 같아. 사람들한테 늘 받기만 해서 그런가 봐?"

"서영아, 그렇지 않아. 그 아이들은 고맙다는 표현을 하는 데 익숙하지 못할 뿐이야. 사랑을 받지 못하고 큰 아이들이라서 그래. 가엾은 아이들이야."

"그래도 고맙다는 말 정도는 할 수 있는 거잖아."

"왜 고마운 걸 모르겠니? 사랑은 강물 같은 거란다. 흐르는 소리는 들리지 않아도 강물은 여전히 흘러가거든……. 할미는 그 아이들의 눈빛을 보면서 사랑과 감사를 느낄 수 있는 걸."

서영이는 할머니 말을 이해할 수 없었다. 차창 밖으로 보이는 남한강 줄기를 바라보며 할머니가 했던 말을 마음속으로 되뇌어 보았다.

"사랑은 강물 같은 거란다. 흐르는 소리는 들리지 않아도 강물은 여전히 흘러가거든……."

돌아가시기 몇 해 전부터 서영이 할머니는 거동을 못하셨다. 할머니는 고아원에 가시지 못하는 걸 가장 마음 아파하셨다. 아카시아 꽃이 피어날 무렵, 할머니는 평생 지니고 다니시던 조그만 십자가를 손에 쥐고 평화롭게 눈을 감으셨다.

할머니가 돌아 가시던 해 가을, 서영이는 할머니 산소에 갔다. 할머니가 태어나신 고향 뒷산에 잠들어 계셨다. 서영이는 눈물을 글썽이며 할머니가 누워 계신 언덕까지 올랐다. 할머니 산소 앞에

도착했을 때, 서영이는 놀라지 않을 수 없었다.

할머니 산소 앞에는 삼십 개도 넘는 조그만 박카스 병들이 가지런히 놓여 있었다. 조그만 병들마다 형형색색의 들꽃들이 물과 함께 담겨져 있었다. 시들어 버린 꽃도 있었지만, 꽂아 놓은 지 얼마 되지 않은 싱싱한 들국화도 있었다. 꽃병들 앞에 있는 하얀 종이 위에 떡 몇 조각이 놓여 있었다. 하얀 종이 위에 이렇게 쓰여 있었다.

'고마운 떡 할머니 떡 맛있게 드세요. 몇 밤 자고 또 올게요.'
'할머니는 하늘나라에서도 아이들에게 맛있는 떡을 만들어 주시겠죠? 우리도 할머니가 해 주신 떡이 자꾸만 자꾸만 먹고 싶은데…….'

한 시간이 넘도록 걸어서 할머니 산소에 다녀가는 아이들의 사랑이 고마웠다.
서영이는 아이들이 종종걸음으로 걸어왔을 먼 길을 내다보았다. 서영이 눈가로 자꾸만 눈물이 맺혔다.

아빠의 편지

남편의 방으로 들어가기 전, 지혜는 방문 앞에 멈춰 섰다. 그림을 좋아했고 아이처럼 살다간 남편 영민이 어두컴컴한 방 안에 앉아 있을지도 모른다는 생각이 들었다. 가슴에 안겨 있던 아이가 뒤척였다. 지혜는 떨리는 손으로 방문을 열었다.

아무도 없었다.

지혜는 영민이 사용하던 책상으로 느릿느릿 다가갔다. 의자에 앉이 빈인 이곳저곳을 둘러보있나. 와구니 캔머스에서 영민의 숨결이 느껴졌다. 가슴 아팠다. 영민이 했던 말이 생각났다.

'지혜야, 미안해. 너하고 아기만 남겨 놓고 나 먼저 떠나가서. 아기 첫돌이 되는 날, 내 책상 첫 번째 서랍을 열어 봐. 그곳에 노란

봉투가 있을 거야. 그걸 아기에게 선물해 줘.'

지혜는 영민과의 약속을 지키기 위해 서랍 열쇠를 꺼내 들었다. 열쇠를 꽂는 순간 지혜의 손이 파르르 떨렸다. 서랍 속에 있는 커다란 봉투를 꺼냈다. 지혜는 아이를 보며 말했다.

"아가야, 아빠가 너한테 주는 선물이야. 너의 첫 번째 생일날 주라고 하셨거든."

지혜는 눈물을 애써 참으며 봉투를 열었다. 남편이 그린 그림이 있었다. 그림 오른쪽엔 남편 영민이 앉아 있었다. 그림 왼쪽엔 지혜가 앉아 있었고, 그들 사이에 어여쁜 아기가 백일홍처럼 활짝 웃고 있었다. 영민은 아기 손을 꼭 쥐고 있었다. 그림 속 아기 얼굴은 영민을 닮아 있었다. 그림과 함께 예쁜 강아지 인형과 돌반지, 분홍색 편지 한 통이 들어 있었다.

아가야, 오늘이 네가 세상에 태어나 맞이하는 첫 번째 생일이야. 아빠는 얼마나 기쁜지 몰라.
너와 함께 있지 못해서 너무 미안해. 아빠가 곁에 있었으면 동물원도 데려가고 사진도 찍어 줬을 텐데. 하지만 아빠는 언제까지나 너의 손을 꼭 잡고 있을 거야. 네가 눈물을 흘리면 맑은 바람이 되어 너의 눈물을 씻어줄 거고, 네가 지쳐 쓰러지면 네 등을 쓰다듬는 따스한 바람이 되어 줄게.

너를 보살피는 엄마의 힘겨운 걸음걸음마다 아빠는 늘 함께할 거야. 아가야, 착하고 건강하게 자라야 돼. 아빠는 별빛으로, 바람으로, 때로는 따스한 햇살로, 영원히 너와 함께 있을 거야. 아가야, 안녕.

-하늘나라에서 너를 사랑하는 아빠가

지혜는 목덜미까지 흘러내린 눈물을 닦았다. 예쁜 강아지를 쥐고 있는 아기의 손가락에 아빠가 선물해 준 반지를 끼워 주었다.

"아가야, 아빠가 너에게 선물해 준 거야."

지혜는 아기를 꼬옥 안았다. 먼 길을 떠나온 초저녁 별 하나가 창문으로 들어왔다.

"아가야, 슬퍼하지 마. 아빠는 이렇게 우리 곁에 있잖아. 우리가 아빠를 생각할 때마다 아빠는 언제나 우리와 함께 있는 거야. 함께 있지 않아도 함께 있는 게 사랑이래……."

비올라 화분

화원 앞에서, 분홍빛 비올라 꽃이 햇볕에 얼굴을 비비고 있었다.

비올라 화분을 하나 샀다.

교무실로 갔다.

매일매일 물도 주고 햇볕도 쬐어 주었다.

보드라운 꽃잎도 어루만져 주었다.

비올라 꽃은 보름을 버티지 못하고 동그란 얼굴을 숙여 버렸다.

빨리 시들어 버린 꽃이 야속했다.

곰곰이 생각해 보면 비올라 꽃이 내 사랑을 배반한 것이 아니었다.

적은 햇볕과 담배 연기 가득 찬 교무실로 가져오던 날부터,

비올라 꽃은 나의 사랑을 받아들일 수 없었는지도 모른다.

청소부 선생님

한 학생이 교실에서 적지 않은 돈을 잃어버렸다. 반 아이들이 과학 실험실로 이동을 했다가 돌아왔을 때 그런 일이 일어난 것이다. 분명한 건 교실 문이 잠겨 있었다는 것이다. 실험실로 출발하기 전에 반장이 마지막으로 교실 문을 잠갔다.

선생님은 반 아이들에게 백지 한 장씩을 나눠 주고는 이렇게 말했다.

"남의 돈을 훔치는 일은 부끄러운 일입니다. 잘못을 뉘우치시지 못한다면 그것은 더 부끄러운 일입니다. 평생 동안 여러분들을 부끄럽게 할지도 모릅니다. 없어진 돈은 선생님이 대신 채워 놓겠습니다. 여러분 중에 혹시 그 돈을 훔친 사람이 있다면 이 종이에 '다시는 부끄러운 일을 하지 않겠습니다.'라고 적으며 잘못을 뉘우치기 바랍니다. 이름은 적지 않아도 좋습니다."

한참 후, 선생님은 아이들에게 나누어 준 종이를 거두었다. 선생님이 조용히 말했다.

"아직은 마음의 준비가 되지 않은 모양입니다. 기다리겠습니다."

선생님의 얼굴은 슬퍼 보였다.

"오늘 청소 당번들은 집으로 돌아가도 좋습니다. 오늘부터 청소는 선생님 혼자 하겠습니다. 그리고 돈을 가져간 사람은 오늘 이후에라도 나를 찾아오든지, 아니면 내 책상 위에 쪽지라도 남겨 주기 바랍니다. 그렇게 해 줄 거라고 믿고, 그날까지 선생님이 여러분의 교실을 청소하겠습니다."

선생님은 그날부터 먼지 뽀얀 교실을 혼자 청소하기 시작했다. 무거운 책상과 의자들을 힘겹게 나르는 선생님의 모습을 아이들은 교실 밖에서 안타깝게 바라보았다. 몇 명의 학생들이 선생님의 청소를 도와주려고 했지만 선생님은 웃으며 교실 밖으로 아이들을 내보냈다.

그 돈을 훔쳐간 아이는 가슴이 아팠다. 용기가 나지 않았다. 아이의 아픔이 일주일을 넘기고 열흘을 넘는 동안 선생님의 청소도 계속되었다.

선생님이 교실을 청소하고 교실 밖을 나가는 순간, 복도에 한 아이가 무릎을 꿇고 앉아 있었다.

아이는 까칠한 얼굴을 숙인 채 울고 있었다.

"선생님……. 잘못했습니다."

선생님은 아이를 일으켜 세웠다. 울고 있는 아이를 선생님은 말없이 안아 주었다. 선생님의 얼굴을 타고 눈물이 흘러내렸다.

느티나무

정태 씨는 아들 승우의 유치원 문제로 아내와 다퉜다.
"가까운 데 보내면 되지, 초등학교도 아니고 유치원을 차까지 태워 보내려고?"
"집 앞에 있는 유치원은 나쁘다고 소문이 났다니까요."
"유치원이 거기가 거기지, 뭐 특별한 게 있다고 그래. 차 타고 다니다가 애가 사고라도 나면 당신이 책임질 거야?"
"왜 항상 그런 식으로 사람을 윽박실러요?"
"한 마디를 안 지는구만. 도대체 누가 윽박질렀다는 거야? 누가?"
정태 씨는 소리를 지르며 방 한쪽에 놓여 있던 아이의 장난감을 발로 걷어찼다. 깜짝 놀란 어린 승우가 울음을 터뜨렸다.

"말로 하지. 아이 장난감은 왜 발로 차요? 애가 이런 일로 얼마나 상처받는지 몰라요?"

그때, 한집에 살고 있던 정태 씨 아버지가 방문을 열고 들어왔다. 울고 있던 승우는 할아버지에게 달려갔다.

"할아버지! 엄마, 아빠 또 싸워."

울고 있지만 승우의 목소리는 또랑또랑했다.

"왜들 그러냐. 웬만하면 다투지들 마라. 어린것 앞에서 이게 무슨 짓들이야."

"소란 피워서 죄송합니다, 아버님."

"됐다. 이제 그만들 하고 자거라."

아내와의 싸움은 그쳤지만, 정태 씨는 분한 마음에 잠을 이룰 수 없었다.

며칠이 지났다. 아침 식사를 하다 말고 정태 씨 아버지가 말했다.

"별일들 없으면, 이번 일요일엔 고향에 다녀오자."

"친지분 결혼식이 있나요, 아버님?"

"그런 건 아니구. 그냥 한번 다녀올까 해서 다들 괜찮겠냐?"

"그러세요, 아버님."

일요일 아침, 정태 씨 가족은 집을 나섰다. 세 시간쯤 지나 정태 씨가 태어난 마을 입구에 도착했다. 그곳에는 백 살이 넘은 느티나무 한 그루가 서 있었다. 차가 느티나무 가까이에 이르렀을 때 정태 씨 아버지가 넌지시 말했다.

"저기 저 느티나무 앞에서 차 좀 세우거라. 좀 쉬었다 가는 게 좋겠다."

"할아버지, 저 나무 진짜 크다. 꼭 공룡 같아요."

승우는 조그만 손으로 우스꽝스런 얼굴을 감추며 말했다.

차에서 내린 정태 씨 가족은 어마어마하게 큰 느티나무를 올려다보았다. 워낙에 오래된 나무라서 곳곳마다 늘어진 가지를 지탱해 주는 받침목이 세워져 있었다. 군데군데 세월의 상처를 메운 흔적이 있었지만 느티나무는 푸른 잎새를 가득 매달고 바람에 흔들리고 있었다. 큰 느티나무 옆에 어린 나무 한 그루가 자라고 있었다. 큰 나무에서 잎새 하나가 떨어지자, 작은 나무에서도 어린 잎새 하나가 나풀나풀 땅 위로 떨어졌다.

"아범아, 이게 무슨 나문지 아니?"

정태 씨 아버지는 어린 나무를 손으로 가리키며 정태 씨에게 물었다.

"이 나무도 느티나무 같은네요."

"그래 맞다. 이것도 느티나무야. 그런데 어떠냐. 그 옆에 있는 큰 느티나무를 많이 닮았지?"

"네, 그러고 보니까 닮은 거 같네요."

"두 나무를 가만히 보거라. 아주 신기할 만큼 그 모습이 닮아 있을 테니까."

"그러네요. 가지를 뻗은 모습이 많이 닮았어요. 아기 나무도 엄마 나무하고 똑같이 오른쪽 가지를 치켜들고 있네요."

"오래 전, 마을 어른이 이 큰 나무에서 씨를 받아다가 얻은 놈이 바로 이 작은 나무란다."

"네, 저도 들은 기억이 나네요. 그런데 왜 이렇게 가까이에다 심어 놨을까요? 큰 나무에 가려서 햇볕도 제대로 못 받을 텐데."

"가까이에 서서 제 부모 모습을 닮으라는 거겠지. 백 년이 훨씬 넘도록 비바람과 싸우면서도 저렇게 꿋꿋하게 서 있는 모습이 얼마나 믿음직스럽냐? 말을 주고받진 못하겠지만 기품 있게 서 있는 제 부모 모습을 바라보면서, 어린 나무가 얼마나 많은 걸 배우겠니?"

팔랑팔랑 춤을 추는 느티나무 잎새들 위로 햇살이 아롱져 있었다. 작은 새들이 두 나무 사이를 날아다니며 노래하고 있었다. 정태 씨 아버지는 나무 아래 앉아 있는 어린 손자의 머리를 쓰다듬어 주고 있었다.

정태 씨는 아버지가 자신을 그곳에 데려온 이유를 알 것 같았다.

사람들은 세월을 닮아간다.
자신도 모르는 사이에 그가 살아온 세월을 닮아간다.

봄을 기다리는 겨울새

홍욱이는 뇌성마비로 심한 언어장애가 있었다. 손도 자유로이 사용할 수 없었다. 홍욱이는 집안 형편이 어려웠다.

홍욱이는 단추에 구멍 내는 기계 앞에서 온종일 씨름하고도 고작 십 오만 원의 월급을 받았다.

홍욱이는 대학에 가고 싶었다.

기계 소리에 묻혀, 자신을 불구로 인정할 수밖에 없는 현실에서 벗어나고 싶었다. 그는 2년 동안 조금씩 모아 둔 풀꽃 같은 돈으로 노량진에 있는 검정고시 학원에 다녔다.

불구인 자신 때문에 평생을 봉제 공장에 다니는 어머니를 위해, 그는 열심히 공부했다. 뒤늦게 시작한 공부라 어려움은 많았지만 검정고시 고등과정에 합격할 수 있었다. 어려움을 딛고 마지막 한 번 더 일어서야할 때가 되었다.

홍욱이를 애정으로 지켜보던 선생님이 있었다. 선생님은 홍욱에게 말했다.

"홍욱아, 이제 우리 한 달에 한 번씩만 만나자. 시간을 좀 더 아껴야 하니까. 마음이 흔들릴 때는 선생님에게 오는 게 시간을 아끼는 일이 될지도 몰라. 공부하다가 배고프면 언제라도 와라."

홍욱이는 열심히 공부했지만 현실의 벽은 높았다. 홍욱이는 대학입시 때문에 세 번씩이나 아파야 했다. 홍욱이가 선생님을 다시 찾아온 것은 몇 개월이 흐른 뒤였다.

"선생님, 저 일산 직업전문학교에 들어갔어요. 장애인들만 입학할 수 있는 학교예요. 일 년 과정이고 학비는 물론 기숙사 생활비까지 전액 국비로 지원되는 곳이에요. 국가기술 자격시험을 봐야 하고 졸업과 동시에 취업까지 시켜 준대요."

새로운 시작을 준비하는 홍욱이를 위해 두 사람은 기쁨으로 저녁 식사를 했다.

식사가 끝나갈 무렵 홍욱이는 선생님에게 메달 하나를 내밀었다.

"지난주에 뇌성마비 협회에서 주최하는 체육대회를 했어요. 축구선수로 나가 우리 팀이 삼등을 해서 동메달을 받았어요. 태어나서 처음 받아 보는 상이라 선생님께 드리려구요."

메달을 받아 든 선생님 눈에 눈물이 가득 고였다.

홍욱이는 빈틈없이 진행되는 학교생활을 잘 견뎌 나갔다. 홍욱이는 국가에서 시행하는 '기계제도기능사 2급 자격증'을 취득했다.
홍욱이는 경기도 파주에 있는 '한일사'라는 업체에서 열심히 일했다. 손이 불편해 다른 사람들보다 캐드(CAD)하는 속도가 느렸다. 퇴근 시간은 6시인데 9시나 10시까지 작업을 해야 하루 일과를 겨우 끝마칠 수가 있었다.
홍욱이는 새벽마다 일어나 한 시간 정도 큰 소리로 책을 읽었다. 오랫동안 노력해도 나아지지 않는 발음에 대한 희망 때문이었다.
홍욱이는 선물을 들고 선생님을 찾아갔다. 홍욱이의 첫 월급날이었다.
선생님이 홍욱이에게 물었다.
"홍욱아, 살아오면서 가장 가슴 아팠던 일이 뭐였니?"
"초등학교 다닐 때 바보라고 놀리며 때리고 도망갔던 아이들도 잊을 수 없구요, 처음에는 각별한 정을 주다가 점점 멀어지는 사람들도 미움을 이프게 해요. 나도 모르게 누군가를 좋아해서 속마음을 보이고 나면 나를 피해 버려요. 멀리서조차 바라볼 수 없는 사람이 되지요."
선생님은 언젠가 학원 매점에서 보았던 홍욱이의 모습을 떠올

렸다.

홍욱이는 테이블 한쪽에 앉아 컵라면을 먹고 있었다. 떨리는 손 때문에 라면 국물이 사방으로 튀었다. 빈 테이블이 없어 여학생 두 명이 뜨거운 컵라면을 들고 홍욱이 옆에 서 있었다. 여학생들은 일그러진 홍욱이의 얼굴을 무서워하는 눈치였다.

홍욱이는 여학생들을 위해 자리에서 벌떡 일어났다. 홍욱이는 매점 한쪽 구석에 서서 얼마 남지 않은 라면을 마저 먹었다.

'홍욱아, 너는 비록 몸이 성치 않지만 성한 몸으로도 흔들리는 내게 맑은 하늘같은 사랑을 가르쳐 주었다.'

선생님과 홍욱이의 이야기는 밤늦도록 끊일 줄 몰랐다.

아픔을 담담하게 노래하는 홍욱이의 모습이 봄날의 냉이 꽃처럼 아름다웠다.

가시나무

준호네 집은 들판이 내려다보이는 산자락에 있었다. 앞마당의 병아리들은 삐죽삐죽 노란 입을 내밀며 명아주 풀잎을 뜯었고, 어미 닭은 맨드라미 같은 붉은 모자를 쓰고 새끼 병아리들을 몰고 다녔다. 닭 모이를 뿌려 주면 참새들이 더 먼저 날아와 모이를 쪼아 댔다. 어린 준호는 한 걸음에 달려가 참새들을 쫓아 버렸다.

"저리가, 이 얄미운 참새들아."

할아버지, 할머니와 함께 사는 준호네 식구는 일곱 명이었다. 준호 아버지는 읍내에 있는 농촌진흥청에 다녔고 막내 삼촌은 집에서 두 시간 거리에 있는 대학에 다녔다. 준호네 집엔 골칫거리가 있었다. 둘째 삼촌이었다. 삼촌은 매일 술만 마시고 밤늦게 집에 들어왔다. 어떤 날은 얼굴이 피투성이가 되어 들어온 날도 많았다. 삼촌은 말이 없었다. 준호 할아버지는 사고뭉치인 삼촌 때문에 자주 화를 냈지만, 이제는 화도 내지 않았다. 삼촌은 준호에게 늘 다정했다. 레슬링을 하며 놀아 준 것도 둘째 삼촌이었다.

"준호야, 오늘 삼촌이 뭐 사다 줄까?"

"장난감 총 사 줘, 삼촌. 기다란 총 있잖아."

"알았어. 사다 줄게."

"근데 삼촌 오늘 또 늦게 들어올 거잖아."

"걱정하지 마, 인마. 오늘은 일찍 들어올 테니까."

하루 종일 비가 내렸다.

삼촌 때문에 난리가 났다. 건장한 사내들이 집으로 쳐들어와 삼촌 손에 수갑을 채우고 데리고 가 버렸다. 할머니는 내리는 비를 바라보며 온종일 눈물만 흘렸다. 삼촌과 싸운 사람이 아주 많이 다쳤기 때문이다. 삼촌은 고등학교에 다닐 때도 종종 그런 일이 있었다. 그때마다 삼촌은 할아버지에게 죽도록 매를 맞았다.

준호 할머니는 둘째 삼촌을 가장 좋아했다. 어린 준호는 그런 할머니를 이해할 수가 없었다. 자신이 할머니라면 대학에 다니는 착한 막내 삼촌을 더 좋아했을 거라고 생각했다.

"할머니는 둘째 삼촌이 제일 좋아?"

"왜 둘째 삼촌만 예쁘겠어. 다 예쁘지. 준호 아빠도 예쁘고, 막내 삼촌도 예쁘고…….."

"둘째 삼촌은 매일 말썽만 부리잖아. 그런데도 할머니는 둘째 삼촌을 제일로 좋아하는 것 같아."

"할미 속 많이 태웠지. 그런데 말이다. 속 썩으면서도 정 드는 게 자식인 거야."

할머니는 한숨을 쉬며 아픔을 뱉어 내고 있었다. 준호는 할머니의 말을 다 이해할 수 없었다. 그래도 할머니의 아픈 마음만은 알 것 같았다.

저녁 하늘이 붉은 물감을 뿌려 놓은 것 같았다. 형사에게 잡혀간 삼촌은 여러 날이 지나서야 집으로 돌아왔다. 그날 이후 삼촌은 더 말이 없었다. 삼촌은 누에고치처럼 조그만 방에 들어앉아 좀처럼 바깥출입을 하지 않았다. 준호를 예전처럼 대해 주지도 않았다. 준호는 이따금 그런 삼촌이 무섭다는 생각이 들었다.

그러던 어느 날, 준호네 집에 불이 났다. 불은 삽시간에 번졌고 아픈 몸으로 안방에 누워 있던 준호 할머니는 미처 집밖으로 빠져나오지 못했다. 사람들이 불난 것을 발견했을 때는 안방까지 불이 번진 후였다.

뒤늦게 도착한 준호 아빠가 불 속으로 뛰어들려고 했다. 준호 엄마가 매달리며 애원했다.

"들어가면 안 돼요, 여보! 집이 온통 불로 덮였잖아요."

"이러지 마. 더 지체하면 어머닌 돌아가셔!"

마을 사람들은 이성을 잃은 준호 아빠의 몸을 붙잡았다. 준호도 울면서 아빠 손에 매달렸다. 대학 다니는 막내 삼촌은 발만 동동 굴렀다. 준호 아빠는 발버둥 쳤지만 마을 사람들은 끝끝내 준호 아빠를 놓아주지 않았다.

바로 그때였다. 숨을 헐떡이며 집으로 달려온 둘째 삼촌은 수돗가로 달려가 통에 담긴 물을 온몸에 퍼부었다. 건장한 마을 청년 두 명이 삼촌의 팔을 잡았다.

"놔! 이거 놔! 우리 엄마 죽는단 말야!"

삼촌은 참깨를 털어 내듯 단번에 그들을 쓰러뜨리고 불 속으로 뛰어들었다. 연기 사이로 얼굴을 감추고 있던 불길은 삼촌을 잡아먹을 듯 붉은 손을 내밀었다.

안방으로 들어간 삼촌은 나오지 않았다.

잠시 후 삼촌의 외마디 비명 소리가 들렸다. 지붕 일부가 주저앉아 버렸다. 시커먼 연기가 불기둥과 함께 하늘로 치솟았다. 아빠도 막내 삼촌도 더 이상은 들어갈 엄두를 내지 못했다. 요란한 사이렌 소리를 울리며 소방차와 119구조대가 도착했다. 소방대원들은 신속한 동작으로 불길을 잡기 시작했다. 그리고 119구조대는 들것을 들고 집안으로 들어갔다. 들것에 실려 나온 할머니와 삼촌은 병원으로 급히 옮겨졌다.

할머니와 삼촌은 무사했다. 삼촌은 그날 사고로 등과 다리에 심한 화상을 입었다. 구조대원이 안방으로 들어갔을 때, 삼촌은 온몸으로 할머니를 감싸 안고 있었다고 했다. 물에 젖은 옷을 할머니 얼굴에 덮어준 채로.

삼촌이 아니었다면 할머니는 돌아가셨다. 속만 썩이는 둘째 삼촌을 할머니가 왜 그토록 사랑하셨는지 준호는 알 수 있었다.

사고가 있던 날 저녁, 많은 사람들이 문병을 다녀갔다. 준호는 병실 밖에서 엄마, 아빠가 주고받는 얘기를 들었다.

"삼촌 아니었으면 어쩔 뻔했어요?"

"그러게나 말야."

"구조대가 방안으로 들어갔을 때, 어머님 손과 삼촌 손이 옷으로 꽁꽁 묶여 있었다면서요?"

"그랬나 봐. 어떤 일이 있어도 어머니 곁을 떠나지 않으려고 그랬겠지. 그렇게 해서라도 자기 본능을 꽁꽁 묶어 놓고 싶어서 말야."

고개 숙인 아빠의 눈에 눈물이 고여 있었다.

준호는 앞마당에 앉아 탱자나무를 바라보았다. 가지마다 매달린 노란 탱자 열매가 별빛에 조롱조롱 웃고 있었다.

'바늘처럼 뾰족한 가시들 속에서 어쩌면 저렇게 예쁜 탱자가 열렸을까' 하고 준호는 생각했다. 병원에 누워 있는 삼촌 얼굴이 생각났다. 삼촌의 뾰족한 모습 속에 담겨 있는 착한 마음을 생각하며 준호의 입가에도 꽃이 피어나고 있었다.

우리들의 밤

멀찍이 서 있는 암탉과 병아리들을 노려보며, 뱀이 말했다.

"조금만 기다려라. 밤이 오면, 너희들은 모두 끝장이다. 흐흐흐."

뱀은 풀숲에 똬리를 틀고 밤이 오기만을 기다렸다.

밤이 깊었다. 암탉도 병아리들도 모두 다 잠들었다. 혀를 날름거리며 뱀은 암탉이 있는 곳으로 몰래몰래 기어갔다.

"흐흐흐, 맛있겠다. 내가 밤에 올 거라는 걸 꿈에도 몰랐지. 아무리 생각해도 나는 정말 똑똑해."

뭉클뭉클 웃고 있는 뱀의 눈빛이 서늘했다.

올빼미 한 마리가 느티나무 위에 앉아있었다. 날카로운 눈을 부라리며 올빼미는 뱀을 노려보고 있었다. 얼굴 가득 웃음을 지으며 뱀은 암탉이 있는 곳으로 살금살금 기어갔다.

딱 한 걸음 남았다. 바로 그 순간, 뱀의 기다란 몸뚱이가 공중으로 부웅 떠올랐다.

올빼미의 뾰족한 발톱이 뱀의 몸속을 사정없이 파고들었다. 올빼미는 밤에만 사냥한다는 것을 뱀이 몰랐던 것이다.

"으으윽……."

뱀의 낭패스러운 비명 소리가 밤하늘을 흔들었다. 숨이 끊어진 뱀을 내려다보며 올빼미가 말했다.

"흐흐흐, 맛있겠다."

달빛에 달맞이꽃 터지는 소리도 요란했다.

결혼식 손님

산동네에 어둠이 내리면 유난히 개 짖는 소리가 크게 들렸다. 들꽃처럼 모여 앉은 창가에 하나둘 불이 켜지면 지붕을 쓰다듬으며 내려온 달빛은 앞마당 수돗가에서 얼굴을 씻었다. 정섭 씨 집에 친구가 찾아 온 것은 밤늦은 시간이었다.

"자네도 알다시피 내 딸애가 다음 달에 결혼하잖아. 어렵겠지만 돈 좀 빌려줄 수 있겠나?"

"이걸 어찌지. 내 형편 어렵다는 거 자네도 잘 알잖아. 정말 미안하네."

정섭 씨와 같은 산동네에 살고 있는 친구는 쓸쓸한 얼굴로 집을 나섰다. 정섭 씨는 몇 해 전부터 그 친구와 함께 동업을 했다. 자재

업자로부터 많은 돈을 사기 당하고 결국 지난달 가게 문을 닫아야 했다.

정섭 씨와 동업을 했던 그 친구는 모든 것을 잃고 산동네마저 떠나야 했다. 친구 모르게 업자들과 뒷거래를 했던 정섭 씨 사정은 달랐다.

두 해가 지나갔다. 그 사이 정섭 씨는 동네 입구에 허름한 구멍가게를 차렸다. 큰딸의 결혼식까지 치렀다.

딸의 결혼식이 있고 며칠 후, 정섭 씨는 허전함을 달래려고 결혼식 비디오를 보았다. 신랑 신부가 퇴장하는 장면을 보다가 정섭 씨는 소스라치게 놀랐다. 하객들 중에 낯익은 얼굴이 있었다. 두 해 전, 그의 곁을 떠나간 친구가 초라한 차림으로 식장 뒤쪽에 서 있었다. 친구의 얼굴은 까칠했다.

여기저기 전화를 걸어서 그 친구의 거처를 수소문했다. 그가 손수레로 과일 행상을 하며 어렵게 살고 있다는 소식을 전해 들었다.

해질 무렵부터 굵은 눈발이 날리기 시작했다. 정섭 씨가 고갯길을 오르는데, 손수레를 끌고 앞서 걸어가는 노인이 있었다. 정섭 씨는 화장지가 가득 실려 있는 손수레 뒤쪽으로 다가가 밀기 시작했다.

"날이 추워져서 장사하기 힘드시죠?"

"우리 같은 사람들이야 그저 춥지 않은 게 제일이지요. 그래도

나는 돌아다니니까 낫지요. 하루 종일 좌판에서 장사하는 사람들이 더 고생이지요."

"댁이 근처세요?"

"네, 저 고개 바로 너머에요."

"매일 이 길을 오르시려면 많이 힘드실 텐데."

"아파서 집에 누워 있는 할멈이 불쌍하지요. 나야 리어카 끄는 건 이골 난 걸요. 내 몸뚱이라도 성해 이렇게 할멈 약값이라도 벌 수 있으니 감사하지요."

"네……."

입김을 뿜으며 걸어가는 노인의 뒷모습을 보며 정섭 씨는 손수레로 과일 행상을 하고 있다는 친구가 생각났다.

며칠 전 아내가 했던 말이 생각났다. 딸의 결혼식이 있던 날 밤, 정섭 씨 아내는 축의금 명부를 보며 말했었다.

"이 분은 누굴까요? 축의금으로 만 원짜리 한 장에 천 원짜리 석 장을 넣으신 걸 보면, 귀한 돈을 주신 것 같은데……. 축의금이 적다면서 사과 한 상자도 놓고 가셨대요. 당신 친구라고 하면서요."

고개를 숙인 채 손수레를 밀고 있는 정섭 씨 눈가에 눈물이 고였다. 따스한 눈송이가 그의 어깨 위로 살며시 내려앉았다.

가난한 날의 행복

 정태는 밤 열두 시가 넘어서야 동네에 들어섰다. 정태는 아내가 과일 가게 앞에 서 있는 것을 보았다. 아내는 빨간 딸기를 물끄러미 바라보다가 남편을 발견하고는 달려와 팔짱을 끼었다.
 "왜 이렇게 많이 마셨어. 몸도 가누지 못하면서……."
 "내가 술 마신게 불만이야? 그럼 술 안마시고 돈 많이 벌어다 주는 놈하고 살면 될 거 아니야!"
 "조용히 좀 해. 동네 사람 다 들어."
 "들으라지, 들으라고 해! 너도 정신차려. 나 같은 놈하고 평생 살아봐야……."
 "자, 얼른 들어가기나 해."

"어, 대답을 안 하는 건 그렇다는 거지? 그래 다 필요 없어."

정태는 집에 들어와서도 마음에 없는 소리를 계속했다.

두 사람이 서울 변두리 월세방으로 이사 온 건 두 달 전이었다. 의류 공장에서 함께 일을 하다 만난 두 사람은 일 년 전에 결혼을 했다. 많이 배우지 못했고 특별한 기술도 없었지만 알뜰한 미영과 성실한 정태는 행복했다.

그들이 일하던 내의 공장이 더운 날씨 탓에 수요가 사라지면서 문을 닫게 되었다.

"당장 먹고 살아야 하는데…… 일단 방 줄여서 나가 보자. 살 길이 있겠지."

"여보, 너무 걱정하지 마. 우린 아직 젊은데 뭐."

"우리 애는 고생시키면 안 되는데……."

이 개월 밖에 안 된 미영의 배를 쓰다듬는 정태의 마음이 납덩이처럼 무거웠다.

이사를 하고도 한 달은 일이 없어 집 안에만 있었다. 정태는 얼마 전, 공사 일을 시작했다.

미영도 봉제 인형 마무리하는 일을 받기 시작했다. 하루 종일 붙들고 있어도 만 원도 채 안 되는 수입이었지만 미영은 감사했다.

정태의 마음은 캄캄했다. 정태는 새벽녘 공사장에 갔다가 막막한 이야기를 들었다.

"어이, 이제 일은 일주일이면 끝날 것 같아. 내 말 무슨 말인지 알아?"

돌아앉아 토끼 인형에 눈을 붙이고 있는 미영에게 정태는 풀리지 않은 목소리로 중얼거렸다.
"이제 공사 일도 끝났어. 나 같은 놈 뭘 믿고 사니?"
"그러지 마, 여보. 우리 애기가 들어. 당신은 진짜 행복이 뭔지 알아요? 어느 소설 중에 가난한 부부가 서로 선물을 하고 싶은데 돈이 없어서 남편은 시계를 팔아 아내의 머리핀을 사고 아내는 머리를 잘라 남편의 시곗줄을 샀다는 얘기…… 난 그 얘기 생각할 때마다 눈물이 나. 가난한 건 불편한 거지 불행한 건 아니잖아…….”
미영의 눈에 눈물이 고였다.
새벽이 밝아 오고 있었다.

그날 이후로 정태는 술을 마시지 않았다. 정태는 벽돌을 나르면서도 아내가 해 주었던 이야기를 생각했다.
정태는 유아용품 가게에 들러 아기 목욕통과 아기 신발을 샀다. 좌판 할머니에게로 가 딸기 한 근도 샀다.
"어머, 예뻐라…… 어디서 이렇게 예쁜 신발을 사 왔어? 아기 목욕통까지…….”

"정말 예뻐?"

"응……."

빙긋이 웃고 있는 정태의 손을 잡으며 미영은 행복했다.

"이건 당신 주려고 사 왔어. 당신 이거 먹고 싶었지?"

"어머, 딸기잖아? 내가 아니라 이 녀석이……."

불룩해진 배와 딸기를 번갈아 보며 두 사람은 배시시 웃었다. 저녁노을이 딸기보다 붉게 물들어 있었다.

아기 목욕통과 신발, 딸기 한 근을 사기 위해서 정태가 몇 번이나 점심을 걸러야 했는지 미영은 몰랐다. 집에서 공사장까지 한 시간이 넘는 거리를 정태가 매일마다 걸으며 차비까지 아꼈던 것을 미영은 몰랐다.

사랑의 교회

1

아주 오래 전 일이다. '사랑의 교회'는 개사리 산골 마을에 있는 조그만 교회다. 찬송가를 부를 때 젊은 목사님이 낡은 피아노 앞에 앉아 직접 반주를 했다. 교회에 다니는 사람들은 대부분 벼농사와 밭농사를 짓는 농부들이었다.

목사님 말씀이 끝나면 헌금을 하는 시간이다. 사람들은 준비해 온 헌금을 헌금 주머니에 넣었다. 천 원짜리 종이돈을 헌금 주머니에 넣는 사람이 있었다. 만 원짜리 종이돈을 넣는 사람도 있었다. 오백 원짜리나 백 원짜리 동전을 넣을 수밖에 없는 가난한 사람들도 있었다. 백 원짜리 동전을 넣을 때도, 오백 원짜리 동전을 넣을 때도 헌금 주머니에서는 짤랑짤랑 동전 부딪치는 소리가 들리지 않았다. 헌금 주머니 안에는 푹신푹신한 솜뭉치가 가득 들어 있었기 때문이다. 동전을 넣으며 민망해하는 사람들이 있을까 봐 목사님이 몰래 넣어 놓은 솜뭉치였다.

2

탈탈탈탈 탈탈탈탈 탈탈탈탈 탈탈탈탈

예배가 끝나면 교회 앞마당에 경운기 시동 소리가 요란했다. 이웃 마을과 먼 마을 사람들을 실어 나르는 경운기이다. 아카시아 향기 같은 미소를 지으며 목사님이 경운기 운전대를 잡았다. 점순이 아줌마의 '오라이!' 하는 소리에 고물 경운기가 탈탈탈탈 털털털털 힘차게 시골 길을 굴러갔다. 무슨 말을 하려는지 길섶에 핀 들꽃들도 자꾸만 손을 흔들었다. 까마중 열매 같은 입가의 검은 점을 실룩거리며 점순이 아줌마가 들꽃들을 향해 소리쳤다.

"예쁘다고 너무 빼기시들 마라. 나도 너희들처럼 고운 시절이 있었구먼. 세월이 호랑이처럼 다가와 지금이사 요레 쪼글쪼글 해졌지만 한 때는 내가 흘린 코웃음 한 번에 동네 총각들 수십 명은 나자빠졌다. 하여간에 나 좋다고 쫓아다니면서 징그리도 속 썩이던 놈이 있었다. 잊혀지지도 않혀. 그 썩을 놈……."

점순이 아줌마의 말에 모두들 배를 잡고 웃는다. 그 옆에 앉아 있던 환갑 넘은 새마을상회 아줌마가 궁짝을 맞춘다.

"아따, 우리 목사님은 성격두 급하셔. 목사님, 천천히 좀 가유……. 경운기가 월메나 덜컹대는지 시방, 궁뎅이 다 쪼개지겠슈……."

늘쩡늘쩡 내뱉는 새마을상회 아줌마 말에 모두들 손뼉을 치며 난리가 났다. 하하하하 호호호호 흐흐흐흐 히히히히 산수유 열매 같은 빠알간 목젖을 보이며 모두들 숨 넘어갈듯 웃어댔다. 장난기 발동한 젊은 목사님은 더 빨리 경운기를 몰아댔다.

타타타타 탈탈탈탈탈탈탈탈탈탈탈탈

웃음소리에 놀란 개구리들이 논도랑으로 퐁당퐁당 곤두박질쳤다. 경운기 소리에 놀란 수꿩 한 마리가 풀썩풀썩 들판을 걷어차고 하늘로 힘차게 날아올랐다.

쪽쪽쪽쪽쪽쪽쪽쪽쪽쪽쪽쪽쪽쪽

까무룩 잠이 들었던 쪽쪽새 한 마리가 허공에 부리방아를 찧으며 까마득한 산 그림자 속으로 까불까불 날아가고 있었다.

우리들 깊은 곳엔 아이가 살고 있다

여섯 살 슬이는 아빠와 함께 마당 한쪽에 앉아 있었다. 죽은 토끼를 안고 슬이는 울고 있었다. 아빠는 삽으로 꽁꽁 얼어붙은 겨울 땅의 가슴을 풀어헤쳐 놓았다.

"슬아, 이제 그만 토실이 보내 줘야지."

"안 돼! 아빠, 토실이 여기 누우면 너무 춥잖아."

슬이는 단풍잎같이 조그만 손으로 토실이가 누울 차가운 땅을 어루만졌다. 슬이의 눈물방울이 토실이의 동그란 얼굴 위로 방울져 내렸다.

아빠는 방으로 들어가 토실이에게 덮어 줄 따스한 스웨터를 가져왔다.

"이걸로 덮어 주면 춥지 않을 거야. 토실이는 자기 엄마한테 가는 거니까. 너무 슬퍼하지 마."

"아빠, 안 돼! 토실이 땅에 묻지 마!"

"이제 그만 해. 날도 추운데 감기 들면 어쩌려구. 토실이 이제 그만 보내 줘."

"안 돼, 아빠. 토실이 안 줄 거야!"

슬이는 토실이를 가슴에 꼬옥 끌어안았다.

"아빠가 내일 토끼 사다 줄게. 어서 토실이 내려 놔. 어서."

아빠는 토끼를 달라고 슬이를 향해 두 손을 내밀었다.

슬이 눈에서 눈물방울이 떨어졌다.

"아빠, 이거 봐. 토실이 아직 눈을 뜨고 있는데 어떻게 땅에 묻어."

토실이는 가늘게 눈을 뜬 채로 숨져 있었다. 시냇물 속에 있는 조약돌처럼 토실이의 눈이 반짝거렸다.

"그래서 그랬구나. 우리 슬이가 그래서 그랬구나."

아빠는 울고 있는 슬이를 안아주었다. 따사로운 햇볕이 입김을 호호 불며 토실이가 누울 땅을 어루만지고 있었다.

우리들 깊은 곳엔 아이가 살고 있다.

우리도 알지 못하는 착한 아이가 살고 있다.

봄길, 자전거

상훈이가 정수를 처음 본 것은 하숙집이었다. 빗소리에 섞여 들려오는 목소리에 이끌려 활짝 열린 그의 방을 보게 되었다. 방문 앞에는 다리에 착용하는 쇠로 된 보조기와 목발이 놓여 있었다. 그 후, 상훈이와 정수는 친해졌다.

정수가 상훈이의 등에 편안하게 업힐 즈음, 정수는 한 여학생을 사랑하게 되었다. 정수가 사랑을 고백하러 시내의 약속 장소로 가던 날, 상훈이노 함께 갔다.

정수를 약속 장소에 데려다주고 나오며 상훈의 마음은 무거웠다. 정수가 받을 상처를 생각하며 어둠 내린 거리를 걸었다. 그녀는 그해 겨울 내내 정수의 하숙방도 청소해 주었고 빨래까지 해 주었다. 그러나 동정으로 시작된 사랑은 끝내 참사랑으로 뿌리내리지는 못했다. 감당할 수 없는 아픔만을 남긴 채 그녀는 정수 곁을 떠나갔다.

그날 이후 정수의 방문은 굳게 닫혀 있었다. 목발도 보조기도 문 앞에 없었다. 상훈은 정수가 방에 혼자 있다는 것을 느낌으로 알고 있었다. 상훈이 정수를 불렀지만 정수는 문을 열어 주지 않았다.

햇살 고운 봄날, 정수는 눈가에 깊은 그늘을 하나 더 만들고 해바라기처럼 방문을 열었다. 상훈은 말없이 정수 옆에 앉아 있었다. 강아지가 아지랑이와 뒹굴며 놀고 있었다. 하숙집 마당 한쪽에 자전거가 있었다.

"정수야, 너 자전거 타 본 적 있니?"

"아니, 한번도 타 본 적 없어."

앉아서도 중심을 잡지 못하는 정수가 자전거 뒤에 타 본 적이 없다고 말하는 것은 당연했다.

상훈은 자전거를 대문 밖으로 끌어냈다. 정수를 부축해서 자전거 뒷자리에 앉혔지만 힘겹고 불안해 보였다. 그들은 봄길을 달려가기 시작했다.

"정수야, 자전거를 처음 타 본 기분이 어때?"

"신나기도 하고 무섭기도 해."

정수는 상훈의 허리를 힘껏 끌어안았다. 한참을 달렸다. 트럭 한 대가 그들을 향해 달려오고 있었다. 트럭을 피하려다 두 사람은 차도 한쪽으로 나동그라졌다.

트럭은 빠른 속도로 그들 곁을 스쳐 지나갔다. 상훈이는 온몸이 굳은 것처럼 움직일 수 없었다. 정수는 힘겹게 기어와 상훈이의 손을 잡아 주었다. 상훈의 찢어진 바지 사이로 피가 번져 나왔다.

상훈이도 정수의 피 묻은 손을 꼭 잡아 주었다. 그들의 얼굴에는 슬픔을 넘어선 아름다움이 피어나고 있었다.

눈사태

은규 씨와 덕기 씨는 장백산 산악회 회원이었다.

그들은 산악회 동계 훈련 장소를 찾기 위해 선발대로 설악산에 도착했다. 앞이 안보일 정도로 내리는 폭설 속에서 그들이 캠프를 치고 있을 때, 한 젊은이가 겁에 질린 얼굴로 그들을 향해 뛰어왔다.

"사람 좀 살려주세요! 지금 토왕골 폭포에서 빙벽 훈련을 하다가 눈사태로 일행 두 명이 눈 속에 파묻혔어요."

겁에 질린 젊은이의 얼굴은 사태의 긴박성을 말해 주었다. 날은 어두워졌고, 눈발은 여전히 쏟아지고 있었다. 두 사람은 주저하지 않고 구조 장비부터 챙겼다. 최악의 기상 조건이었다. 눈 속에 매몰된 사람들을 구조한다는 것은 거의 불가능한 일이었다.

은규 씨는 집에 있는 한 살 된 아들과 아내 얼굴이 떠올랐다.

"집사람한테 전화라도 하고 가야겠어."

두 사람은 최악의 사태를 각오한 듯 비장한 빛이 감돌았다. 그들은 핸드폰으로 가족들에게 전화를 했다. 사랑하는 이들의 목소리를 들을 수 있는 마지막이 될지도 모른다고 생각했다.

"여기 설악산인데요. 지금 눈사태로 대학생들이 매몰됐어요. 지금 그들을 구조하러 갑니다."

그들은 어둠 속 눈보라를 헤치고 토왕골 빙벽 쪽으로 다가갔다. 눈보라 속에서 구조를 위한 사투를 벌인 지 세 시간이 지날 무렵, 거대한 눈덩이가 폭포 아래로 굴러떨어져 그들을 덮쳤다.

속초소방서 구조대가 현장으로 출동했다. 1미터가 넘게 쌓인 눈 때문에 더 이상 그들에게 접근할 수 없었다.

수백 명의 구조대가 토왕골에 도착한 것은 그로부터 며칠이 지난 후였다.

구조대원들은 생존자가 있을 거라는 희망을 가지고 눈 속을 파헤쳤다. 용기 있는 젊은이들은 싸늘한 시신이 되어 하나둘 돌아왔다. 은규 씨와 덕기 씨도 눈을 감은 채 돌아왔다.

산은 아무런 말이 없었다. 햇살은 흰 눈 위로 슬픔을 쏟아 내고 있었다. 겨울 산에 일어선 바람 한 줄기가 토왕골을 빠져나가지 못하고 메아리치고 있었다.

'여기 설악산인데요. 지금 눈사태로 대학생들이 매몰됐어요. 지금 그들을 구조하러 갑니다.'

너를 기다리는 동안

재원은 지친 모습으로 교내 식당에서 점심을 먹고 있었다. 주머니 속 봉투를 만지작거리던 혜선은 용기를 내서 말했다.

"아르바이트해서 번거니까, 이 돈 오빠가 쓰면 안 될까?"

"그럴 순 없어. 너도 지금 어렵잖아."

재원은 등록금을 마련하고 집안의 생계까지 책임져야 했다. 학교 수업을 마치면 중학생 과외를 했고, 10시부터 자정 넘어서까지 편의점 일을 했다.

일요일마다 두 사람은 같은 교회에서 예배를 드렸다. 혜선은 언제나 재원의 팔을 끌고 허름한 분식집을 찾았다. 미안해하는 재원에게 혜선은 떡볶이, 순대가 세상에서 제일 맛있다고 했다.

두 사람은 추운 거리를 오랫동안 걸었다. 추위로 까칠해진 혜선의 얼굴을 보고 재원은 마음이 아팠다.

"혜선아, 우리 저기 가서 어묵 먹고 갈까? 너 배고프잖아."

"나 배고프지 않아. 이제 집에 갈 건데, 뭐."

"나는 배고프거든. 그러니까 같이 먹고 가자."

얼어붙은 얼굴로 뜨거운 어묵을 먹으며 혜선이 말했다.

"오빠, 걸어 다니니까 기분 좋다, 그치?"

추운 거리를 내내 걷기만 하고도 그렇게 말해 주는 그녀가 재원은 고마웠다.

재원이 심한 몸살을 앓았다. 자정이 훨씬 넘은 시간에 재원이 아르바이트하는 편의점으로 혜선이 찾아왔다.

"혜선아, 늦은 시간에 웬일이야?"

"오빠가 그렇게 아픈데 내가 어떻게 가만있어."

"교대시간 다 돼서 이제 집에 가서 쉬면 되는데, 뭐."

잠시 후 교대 근무할 사람이 왔다. 두 사람은 서둘러 편의점을 나왔다.

"혜선아, 택시로 빨리 너 바래다주고 오면, 난 심야 좌석버스 있거든. 너부터 데려다 줄게. 밤엔 여자 혼자 택시 타는 거 아니래."

"오늘은 오빠 아프니까 택시 타고 가. 심야버스 타면 의정부까지 서서 가야 하잖아. 아픈 몸으로 어떻게 서서 가려고. 오늘은 제발 내 말대로 좀 해. 나는 택시 타면 십오 분이면 가는데, 뭐."

혜선은 재원의 팔을 끌며 차도 한쪽으로 갔다. 택시를 잡았다.

"오빠. 내일 새벽엔 도서관 가지 말고. 그리고 이거……."

혜선은 택시 안으로 들어가는 재원의 주머니에 돈을 넣어 주었다. 얼떨결에 택시비를 받았지만 재원은 100미터도 안 가서 택시에서 내렸다. 재원은 혜선이 있던 곳으로 달려갔다. 혜선은 그곳에 없었다. 재원이 큰 길을 따라 조금 달렸을 때, 어둠 저 멀리서 혜선이 걸어가고 있었다. 재원은 빠른 걸음으로 혜선에게 다가갔다.

백 원짜리 동전까지 몽땅 주고 어두운 새벽길을 걸어가는 혜선을 재원은 부를 수 없었다. 한 시간을 걸어 그녀의 집까지 가는 동안 재원은 소리 없이 혜선의 뒤를 따라갔다. 추운 거리를 걸으면서도 행복하게 웃고 있을 혜선을 생각했다. 오래 전, 혜선이 했던 말이 재원의 가슴 위로 별빛처럼 내려앉았다.

'사랑은 상대방의 마음이 돼 주는 거래. 아프고, 또 아파도 그의 마음이 돼 주는 거래…….'

500원짜리 병아리

토요일 오후, 초등학교에 다니는 영수는 아빠와 밖에서 만나기로 약속했다.

오전 수업을 마치고 영수는 아빠가 일하는 곳으로 갔다. 영수가 아파트에 도착했을 때, 아빠는 일을 하고 있었다. 영수는 아빠가 보이지 않는 화단에 가만히 앉았다. 연둣빛 화단엔 병아리 발자국 같은 노란 민들레가 여기저기 피어 있었다. 빨간 열매들도 째금째금 열려 있었다. 영수는 솜사탕처럼 부풀어 있는 민들레 씨앗을 입으로 훅 불었다. 하얀 꽃씨들이 눈물처럼 나풀나풀 땅 위로 쏟아져 내렸다.

아파트 2층 창문이 드르륵 열렸다. 두 아이가 고개를 빼꼼이 내밀었다. 쫑알쫑알 아이들의 목소리가 영수 귓가로 들려왔다.

"형, 누구 게 멀리 날아가는지 시합하자. 알았지?"

"응, 내가 하나 둘 셋 하면 동시에 날리는 거다. 자, 하나 둘 셋."

아이들은 두 손에 쥐고 있던 것을 허공 속으로 힘껏 던졌다. 아이들의 손을 벗어나 땅 위로 떨어진 것은 종이비행기가 아니었다. 노란 병아리였다. 영수는 병아리가 떨어진 곳으로 쏜살같이 달려갔다. 병아리 한 마리가 콘크리트 바닥 위에 빨간 꽃잎처럼 흩어져 있었다. 풀밭 위에 누워 있는 병아리는 나팔꽃씨 같은 두 눈을 깜박이며 바들바들 떨고 있었다.

영수는 가엾은 병아리를 가슴에 안았다. 그때, 두 아이가 씨근거리며 다가왔다.

"병아리 내 꺼야. 이리 줘."

"또 던질 거잖아?"

영수는 다친 병아리를 등 뒤로 감추며 볼멘소리로 말했다.

"던진 거 아니란 말야. 날아갈 수 있나 시험해 본 거야. 어서 내놔."

실랑이를 벌이는 동안 동생으로 보이는 아이가 엄마를 쪼르르 데리고 나왔다. 아이들 엄마는 목청을 돋워 가며 나무라듯 영수에게 말했다.

"왜 남의 병아리를 가져가니? 네 꺼 아니면 어서 돌려줘야지. 빨리 내놔."

"……."

영수는 병아리를 등 뒤로 감춘 채 눈물만 글썽였다.

아이들 엄마는 영수에게 다가가 병아리를 뺏으려 했다. 영수는 잔뜩 웅크린 채 병아리를 내주지 않았다.

"너 어른 말이 말 같지 않니? 참 맹랑한 애로구나. 너희 집이 어디야?"

"……."

"네 엄마 좀 만나야겠다. 도대체 아이를 어떻게 가르친 거야. 집이 어디야? 어서 앞장서, 어서……."

아이들 엄마는 험상궂은 얼굴로 버럭 화를 냈다. 영수는 앞장서 걷기 시작했다. 영수는 아줌마와 아이들을 데리고 아빠가 있는 곳까지 갔다. 영수는 잠시 걸음을 멈추더니 고개를 들어 아파트 위쪽을 올려다보았다.

"저분이 우리 아빠예요"

아이 엄마는 두 눈이 휘둥그레졌다. 영수 아빠는 고층 아파트 외벽에서 이리저리 밧줄을 타며 페인트칠을 하고 있었다.

"저 사람이 정말 네 아빠니?"

"네. 근데 지금은 아빠를 부를 수 없어요. 높은 곳에서 아랠 보면 사고 날지도 모르잖아요."

아빠 모습을 바라보다가 영수가 다시 말했다.

"얼마 전에 아빠 친한 친구 한 분이 일하시다가 떨어져서 돌아가셨대요. 우리 아빠도 높은 데서 떨어지면 이 병아리처럼 죽을지도 모르잖아요."

영수가 내민 손바닥 위에 병아리가 싸늘하게 죽어 있었다.

"아줌마, 500원이면 살 수 있는 병아리라고 목숨까지 500원은 아니잖아요."

아이들 엄마는 멋쩍은 얼굴로 아이들을 데리고 황급히 사라졌다.

영수는 마음을 졸이며 아빠가 일하는 모습을 지켜봤다. 아빠의 뒷모습이 만져질 듯 가까웠다. 먹구름이 하늘 가득히 밀려오더니 먼 하늘에 바람꽃이 일고 있었다.

빗방울이 떨어졌다.

아빠가 하는 일은 갑작스런 비가 내릴 때 가장 위험하다는 말을 영수는 들은 적이 있었다. 아빠에게 빨리 내려오라고 말하고 싶었지만 영수는 아빠를 부를 수 없었다.

영수 마음은 콩콩콩 뛰기 시작했다. 영수는 눈물 가득 고인 눈으로 아빠를 올려다보았다.

허공에 매달린 아빠 모습이 슬픈 병아리 같았다.

"아빠…… 아빠……."

아빠를 바라보는 영수의 조그만 얼굴 위로 눈물이 자꾸만 흘러내렸다.

사나운 송골매

영철이 외갓집에 있는 토끼가 새끼를 여섯 마리나 낳았다. 엄마 토끼는 토끼장 안에서 새끼들을 돌봤고 아빠 토끼는 이리저리 마당을 돌아다니며 질경이 풀잎을 뜯어 먹었다.

노을 질 무렵 영철이가 외갓집 앞마당을 들어서는데 토끼장 앞에서 무시무시한 일이 벌어지고 있었다. 커다란 송골매 한 마리가 토끼장 바로 앞에 서 있었다. 송골매는 함치르르한 갈색 깃털을 바람에 날리며 토끼장 앞에 있는 아빠 토끼를 노리고 있었다. 먼발치에 서 있는 송골매를 바라보며 영철이 마음은 다급해졌다. 송골매의 뾰족한 발톱이 당장이라도 아빠 토끼의 심장 속으로 박힐 것만 같았다. 영철이는 외삼촌이 있는 양계장으로 급히 달려갔다.
"외삼촌, 큰일 났어요. 토끼장 앞에 커다란 매가 앉아있어요. 빨리 가지 않으면 토끼들을 다 죽일 거예요."
영철이는 숨을 헐떡거리며 말했다. 영철이의 말을 듣고도 외삼촌은 꿈쩍을 하지 않았다.
"외삼촌, 빨리 가 보세요. 빨리요. 매가 토끼 새끼들까지 다 죽여요."

"걱정 마, 이 녀석아. 그 매는 토끼를 해치지 않는 매야. 새끼들을 지켜 주는 착한 매거든……."

외삼촌은 씽긋 웃으며 말했다. 영철이는 외삼촌의 말이 무슨 말인지 도무지 알 수 없었다.

"그 매는 살아있는 매가 아냐. 겉모습만 살아있는 박제야, 박제……."

"매가 움직였다니까요. 진짜예요. 외삼촌……."

"인석아 죽은 매가 어떻게 움직여. 바람이 부니까 깃털이 들썩거렸던 게지."

"……."

외삼촌의 말을 듣고 영철이는 할 말이 없었다.

"영철아, 뱀이 제일로 무서워하는 게 뭔 줄 아니?"

"뭔데요?"

"뱀이 제일로 무서워하는 건 매야. 뱀이란 놈들은 사나운 매의 그림자만 봐도 설설 기거든……. 그래서 외삼촌이 머리를 써서 토끼장 앞에 매의 박제를 갖다 놓은 거야. 새끼들 지켜주려고……."

몇 해 전에도 뱀이 쳐들어와 토끼 새끼들을 모두 잡아먹었다고, 아주 못된 놈들이라고, 외삼촌은 영철이에게 말했다.

해바라기 아저씨

민석이는 휠체어에 앉아, 병원 화장실 문을 열고 있었다.

바로 그때, 한 아저씨가 큰 걸음으로 다가와 화장실 문을 힘껏 밀어주었다.

"남자가 이렇게 힘이 약해서 쓰겠니?"

"고맙습니다."

민석이는 겸연쩍게 웃으며 화장실 안으로 들어갔다. 잠시 후 민석이가 화장실을 나오려는데 마치 수분이라도 외운 듯 화장실 문이 스르르 열렸다. 화장실 앞에는, 조금 전에 만난 아저씨가 웃으며 서 있었다.

"나는 네가 틀림없이 이 문으로 다시 나올 거라는 걸 알고 있었다."

아저씨 말에, 민석이는 깨꽃처럼 환하게 웃었다.

아저씨 가슴에는 빨간 고추잠자리 한 마리가 앉아 있었다. 신기하게도 잠자리는 날아갈 생각을 하지 않았다.

"신기하냐?"

"네. 아직 살아 있나요?"

"숨은 떨어졌지만 그렇다고 죽은 건 아니란다. 아직도 속눈썹 같은 다리로 세상을 힘껏 붙들고 있잖니?"

민석이는 고개를 끄덕였다.

"이름이 뭐니?"

"민석이요. 김민석."

"이름이 남자답고 멋지구나. 아저씨는 선생님이야. 가평에 있는 조그만 초등학교에서 아이들을 가르치고 있지. 아이들을 못 본 지도 벌써 두 달이 다 되어 가는구나."

아저씨는 깊은 숨을 내쉬었다.

"저도 5학년이 되고 나서, 몇 달째 학교에 못 갔어요."

"다리가 많이 아프냐?"

"양쪽 다리가 모두 마비돼서 저 혼자는 걸을 수가 없어요. 오랫동안 물리 치료를 받으면 예전처럼 다시 걸을 수 있대요."

"정말 다행이로구나. 아저씨도 이제 다 나았어. 며칠만 있으면 집으로 다시 돌아갈 수 있단다. 학교로 빨리 가서 아이들을 만나고 싶구나."

바로 그때, 분홍빛 치마를 입은 여자아이가 쪼르르 달려왔다.

"아빠, 어디 갔었어? 내가 얼마나 찾은 줄 알아? 점심밥 왔는데 다 식는단 말야."

"그래, 그래 알았다. 어서 가서 밥 먹자."

아저씨는 민석이에게 자신이 있는 병실을 말해 주었다. 아저씨는 어린 딸의 손을 잡고 서둘러 병실로 갔다.

온종일 비가 내렸다.

민석이는 우울한 얼굴로 비 내리는 창밖을 바라보았다. 아저씨가 생각났다. 민석이는 휠체어를 굴려 아저씨가 있는 병실로 갔다. 병실 안으로 아저씨 얼굴이 보였다. 아저씨 침대 옆 꽃병에는 노란 해바라기가 무거운 얼굴을 들고 방긋 웃고 있었다.

"물리 치료는 끝났니?"

"네. 조금 전에요. 근데, 아저씨는 해바라기를 좋아하시나 봐요?"

"응, 꽃 중에서 해바라기를 제일 좋아하시. 해바라기는 밝은 곳만 보려고 늘 애쓰잖니. 그게 예뻐서……."

아저씨는 해바라기처럼 웃으며 말했다.

"근데, 오늘은 민석이 네 얼굴이 많이 어두워 보이는구나."

민석이 눈치를 살피며 아저씨가 넌지시 물었다.

"저 때문에 엄마가 많이 힘드세요. 사실은 제가 다시 걸을 수 있는 확률은 반반이래요. 의사선생님이 엄마한테 말하는 거 들었거든요."

민석이 눈에 눈물이 그렁 맺혔다. 아저씨는 가만히 다가와 민석이 머리를 쓰다듬어 주었다.

"사내대장부가 울기는…… 너는 꼭 다시 걸을 수 있을 거다. 소망을 가진 사람은 무엇이든 해 낼 수 있는 거야. 이거 봐라. 아저씨도 아팠는데 이렇게 다 나았잖아."

아저씨는 비 내리는 창밖을 잠시 바라보았다.

"민석아…… 엄마 때문에 너무 마음 아파하지 말거라. 자식은 엄마의 눈물을 먹고 자라는 나무란다."

아저씨는 민석의 손을 꼭 잡아 주었다. 유리창을 세차게 두들기며 비가 내리고 있었다.

민석이는 그 후로도 매일매일 아저씨를 찾아갔다. 아저씨와 이야기를 나누고 나면 마음속 아픔이 금세 사라지는 것만 같았다. 아저씨는 민석이 마음을 사랑으로 어루만져 주었다.

아저씨가 퇴원하는 날이었다. 아저씨 손을 꼭 잡고 있는 딸에게 간호사가 말했다.

"아빠가 다 나아서 혜진이는 너무 좋겠다. 그치?"

여자 아이는 간호사의 말에 함박웃음을 지었다.

"민석이도 빨리 나아야 한다. 매일매일 치료도 열심히 받고, 퇴원하니까 좋기는 한데, 아저씨 혼자만 나가서 미안하구나."

"저는 괜찮아요."

"민석아, 지나간 바람은 춥지 않은 거야. 힘내야 한다. 알았지?"

"네, 편지 드릴게요. 안녕히 가세요. 아저씨……."

민석이는 눈물을 글썽이며 말했다. 아저씨 눈에도 눈물이 그렁맺혀 있었다.

아저씨가 보고 싶을 때마다, 민석이는 아저씨에게 전화를 걸었다. 편지도 한 통씩 주고받았다. 병원 생활은 지루했지만, 민석이는 이전보다 훨씬 좋아졌다. 담당 의사는 민석이가 통원 치료를 해도 좋다고 했다.

그 후로 일 년이 지났다. 다행히도 민석이의 마비된 양쪽 다리는 거의 정상으로 돌아왔다. 민석이는 학교에도 다시 다닐 수 있게 되었다. 민석이는 문득, 오랫동안 연락을 않고 지냈던 아저씨가 생각났다. 하지만 연락할 방법이 없었다. 아저씨 전화번호를 적어 놓은 수첩을 잃어버렸기 때문이었다.

민석이는 책상 서랍을 뒤졌다. 민석이 얼굴이 환해졌다. 아저씨가 예전에 보내온 편지가 있었다. 학교 숙제를 쓰렁쓰렁 해치우고, 민석이는 집을 나섰다. 민석이가 살고 있는 마석에서 아저씨가 사는 가평까지는 버스로 오십분이면 갈 수 있는 거리였다. 민석이는 흔들리는 버스를 타고 가평 시내에 도착했다.

시내에서 멀지 않은 곳이라 아저씨의 집을 찾는 건 어렵지 않았다. 아저씨 이름의 문패가 걸려 있는 파란색 대문은 활짝 열려 있었다.

"아저씨……아저씨……."

방문이 열리더니, 일 년 전 병원에서 보았던 아저씨 딸 혜진이가 나왔다. 혜진이는 깜짝 놀란 눈으로 민석이를 바라보았다.

"저…… 내 얼굴 기억나지? 나 이제 다리 다 나았어."

숫기 없는 혜진이는 고개만 끄덕였다.

"아저씨, 지금 집에 계셔?"

"지금 안 계신데……. 뒷산에 가셨어요."

"언제 오시는데?"

"……."

혜진이는 잠시 망설이더니 마루를 내려와 신발을 신었다.

"저 따라오세요."

민석이는 환한 얼굴로 혜진이를 따라나섰다. 푸른 소나무 오솔길을 따라 산길을 한참 올랐다. 햇살이 나비처럼 내려앉은 곳에서

혜진이는 걸음을 멈췄다.

"우리 아빠…… 저기 계세요."

손으로 아래쪽을 가리켰다. 민석이는 당황했다. 혜진이가 가리킨 곳에는 동그란 산소만 있었다.

"아저씨는?"

"병원에서 돌아오시고 나서 세 달도 못 돼서 돌아가셨어요."

"그때 병원에서 다 나으셨잖아……."

"저도 처음에 그런 줄 알았어요. 병원에서도 더 이상 어쩔 수 없어서 집으로 돌아오신 거래요. 엄마한테 나중에 들었어요."

"학교에서 아이들하고 재밌게 지낸다고 하셨는데……."

"병원에서 돌아오셔서 한 달 동안은 학교에 나가셨어요. 저…… 오빠를 놀라게 해서 미안해요. 아빠가 돌아가시기 전에 그러셨거든요. 아빠가 먼 곳으로 떠났다고 생각하지 말라고……. 아빠는 뒷산으로 산책 나간 거니까, 아빠가 보고 싶으면, 소나무 오솔길을 따라서 걸어오기만 하면 된다고……."

혜진이 눈에 눈물이 가득 고였다.

아저씨가 누워 있는 산소 앞에 민석이는 가만히 서 있었다. 해바라기처럼 웃던 아저씨 얼굴이 생각났다. 울고 있는 민석의 귓가로 아저씨가 예전에 해 주었던 말이 들려왔다.

"민석아, 사랑이 많은 사람이 되거라. 하나님이 우리를 사랑하신 것처럼……. 사람은 세월을 따라 모두 다 가 버려도, 사랑은 가슴에 남아, 깃발처럼 늘 펄럭인단다. 세상에서 제일 강하고, 제일 행복한 사람은, 사랑이 많은 사람이란다. 이걸 아는데, 아저씨도 꼬박 43년이 걸렸구나……."

송이의 노란 우산

송이 엄마는 시장 좌판에 앉아 나물을 팔았다. 일곱 살 송이는 아침밥을 먹고 늘 엄마를 따라 시장에 나갔다. 어른들만 있는 시장에서 송이의 유일한 친구는 까만 때로 얼룩진 인형뿐이었다. 머리까지 듬성듬성 빠져 버린 인형은 흉한 모습을 하고 있었다.

"엄마, 저 할아버지 너무 무서워. 할아버지 옆에 가면 이상한 냄새가 나."

송이는 별시 않은 곳에 힘없이 서 있는 할아버시를 가리키녀 임마 뒤로 숨어 버렸다.

칠십이 넘은 할아버지는 지난해까지만 해도 할머니와 함께 시장에서 채소 장사를 했었다. 할머니가 병으로 돌아가시고 나자 할아버지는 슬픔으로 온종일 술만 마시고 아무데서나 쓰러져 잤다. 할머니 병원비로 할아버지는 집까지 모두 잃고 말았다. 시장 사람들은 말했다. 할아버지가 시장을 떠나지 못하는 것은 돌아가신 할머니를 잊지 못해서라고…….

술에 취한 할아버지는 대낮에도 방앗간 옆 땅바닥에 쓰러져 코를 골았다. 시장 사람들은 할아버지를 예전처럼 대해 주지 않았다. 허구한 날 술에 취해 비틀거리는 할아버지에게 막말을 퍼붓는 사람들도 있었다.

시장 입구에는 가게를 지으려고 파헤쳐 놓은 길이 있었다.

송이는 그 앞으로 뛰어가다가 그만 넘어지고 말았다. 넘어지는 순간 송이가 들고 있던 인형이 깊이 파헤쳐진 웅덩이로 떨어져 버렸다. 인형이 떨어진 곳엔 썩은 물이 고여 고약한 냄새를 풍기고 있었다.

인형은 더러운 물에 빠져서 다리만 간신히 내밀고 있었다. 송이가 울음을 터뜨렸다. 송이는 훌쩍거리며 사람들이 지나갈 때마다 손가락으로 인형을 가리켰다.

떠름한 낯빛으로 지나칠 뿐, 더러운 물로 들어가 인형을 꺼내 주는 사람은 없었다.

바로 그때 닭집 아저씨가 그곳을 지나가고 있었다.

"왜 울어, 송이야."

"아저씨……."

송이는 더 큰 소리로 울었다.

"저건 안 돼, 송이야 더러운 물 만지면 병 걸려. 엄마한테 인형 사 주라고 아저씨가 말해 줄게."

송이는 억지로 팔을 끄는 닭집 아저씨를 따라갔다. 그때 뒤에서 누군가의 목소리가 들려왔다.

"아가야……."

뒤를 돌아보았을 때, 송이의 눈이 금세 휘둥그레섰다. 술에 취한 할아버지가 몸을 비틀거리며 인형 있는 곳으로 내려가고 있었다. 할아버지는 신발을 신은 채 냄새나는 물로 첨벙첨벙 걸어 들어가 인형을 주웠다. 할아버지는 인형에 묻어 있는 물을 때 절은 옷소매로 조심조심 닦아 주었다.

"다치지는 않았냐?"

"네……."

송이의 서먹한 대답에도 할아버지는 웃고 있었다. 도깨비 뿔처럼 마구 헝클어진 할아버지의 하얀 머리가 송이는 예전처럼 무섭지 않았다.

저녁부터 가을비가 보슬보슬 내렸다. 송이는 노란 우산을 받쳐 들고 어둑해진 시장 길을 바쁘게 걸었다. 비를 맞고 누워 있을 할아버지가 생각났던 것이다. 방앗간 뒤쪽 처마 밑에 누워 있는 할아버지는 비바람으로 얼굴까지 온통 젖어 있었다. 송이는 자기가 쓰고 있던 노란 우산으로 잠든 할아버지의 얼굴을 가려 주었다.

송이는 두 손을 머리에 얹은 채, 멀리 엄마가 있는 곳으로 쪼르르 달려갔다. 송이가 뒤를 돌아보았을 때, 바람에 날아가 버린 우산이 할아버지 옆에 벌렁 누워 동그란 얼굴을 땅에 비비고 있었다. 송이는 서둘러 할아버지에게로 다시 달려갔다.

세차게 부는 바람 때문에 우산이 날아갈까 봐, 송이는 할아버지 옆을 떠날 수 없었다. 우산 밖으로 나와 있는 할아버지의 새까만 팔을 우산 안으로 끌어당기며 송이는 말했다.

　"할아버지, 비 와요. 여기서 자면 안 되는데……."

　송이는 여뀌꽃처럼 가는 팔로 비에 젖은 할아버지 다리를 처마 밑으로 힘껏 당겼다. 할아버지의 때 묻은 손을 송이는 꼭 잡고 있었다. 때 절은 손이지만 더러운 물에 빠진 송이 인형을 꺼내 준 고마운 손이었다.

　"할아버지…… 할아버지……."

　두 눈을 꼭 감고 있던 할아버지의 눈가로 눈물 한 줄기가 흘러내렸다. 젖은 몸을 바들바들 떨고 있던 송이 눈가에도 어느새 눈물이 고였다.

　밀더 임마가 있는 곳에서 조그만 불빛이 붉은 눈을 깜박거리고 있었다. 회색빛 하늘에선 굵은 빗방울이 후두둑후두둑 떨어지고 있었다.

그 후 며칠이 지났다. 송이는 엄마 옆에서 때 절은 인형을 가지고 놀고 있었다. 닭집 아저씨가 등 뒤에 무언가를 감추고 송이에게로 다가왔다.

"송이야, 선물이다."

"아, 예뻐라······."

예쁜 인형을 받아 든 송이 눈가엔 어느새 기쁨의 눈물이 맺혔다.

"송이야, 저기 봐, 이 인형, 할아버지가 힘들게 일해서 사 주신 거야?"

닭집 아저씨가 손으로 가리킨 곳에 할아버지가 서 있었다. 할아버지는 개나리꽃처럼 피어 있는 노란 우산을 흔들며 송이를 향해 웃고 있었다. 할아버지가 끌고 있는 낡은 손수레에는 펼쳐진 종이 상자들이 가득히 쌓여 있었다.

그날 이후로 시장 사람들은 못 쓰는 종이 상자를 하나하나 모아 할아버지에게 주었다. 할아버지도 더 이상 술 취해 비틀거리지 않았고, 길 위에 쓰러져 있지도 않았다.

더럽고 냄새난다며 모두 다 할아버지를 멀리 할 때, 어린 송이는 말없이 다가가 할아버지 손을 꼭 잡아 주었다. 외로움과 절망으로 아무렇게나 살아가던 할아버지는 송이의 사랑으로 다시 일어설 수 있었다.

할아버지는 더 이상 혼자가 아니었다.

새벽이 올 때까지

민희 아빠는 직장을 잃은 뒤, 어렵게 모은 돈으로 조그만 음식점을 시작했다. 하지만 손님이 들지 않아 시작한 지 얼마 안 되어 음식점 문을 닫고 말았다. 민희 아빠는 마른 꽃잎처럼 시들어 갔다.

민희네 가족은 조그만 집들이 들꽃처럼 옹기종기 모여 앉은 변두리 산동네로 이사를 해야만 했다. 민희 아빠는 산동네로 이사 온 후부터 다른 사람이 되어 갔다.

예전처럼 민희와 동생을 대해주지 않았고, 웃음마저 잃었다. 새벽녘 엄마와 함께 우유 배달을 마치고 돌아와도 아빠는 온종일 어두운 방안에만 있었다. 공부를 방해하는 남동생 때문에 민희가 공부방을 조를 때마다 아빠는 말없이 아픔을 삼킬 뿐이었다. 하루는 남동생이 다 떨어진 운동화를 들고 방안으로 들어왔다.

"엄마, 아이들이 내 운동화 보고 뭐라는 줄 알아? 거지 신발이래, 거지 신발!"

아빠는 엄마가 내준 천 원짜리 한 장을 받아 들고 술 한 병을 사 가지고 들어왔다. 아빠는 곰팡이 핀 벽을 향해 돌아앉아 말없이 술을 마셨다.

산동네로 이사 온 후 얼마 되지 않은 날이었다. 밤늦은 시간부터 비가 내리기 시작했다. 산동네 조그만 집들을 송두리째 날려 보내려는 듯 사나운 비바람이 몰아쳤다. 칼날 같은 번개가 캄캄한 하늘을 쩍 하고 갈라놓으면, 천둥소리가 사납게 으르렁거렸다. 비오는 날이 계속되면서 곰팡이 핀 천장에 동그랗게 물이 고였다. 빗물이 한두 방울씩 떨어지더니, 시간이 지날수록 더 많은 빗물이 방울져 내렸다. 민희 엄마는 빗물이 떨어지는 곳에 걸레 대신 양동이를 받쳐 놓았다.

"이걸 어쩌나, 이렇게 비가 새는 줄 알았으면 진작에 손 좀 볼걸 그랬어요."

엄마의 말에 돌아누운 아빠는 아무런 대꾸도 없었다. 아빠는 며칠 전, 우유 배달을 하다가 오토바이와 부딪쳐 팔에 깁스를 하고 있었다.

아빠는 불편한 몸으로 자리에서 일어나, 엄마에게 천 원을 받아 들고 천둥치는 밤거리를 나섰다. 새벽 1시가 넘도록 아빠가 집에 들어오지 않았다. 창밖에선 여전히 천둥소리가 요란했다.

엄마와 민희는 우산을 받쳐 들고 대문 밖을 나섰다.

아빠를 찾아 동네 이곳저곳을 헤맸지만 비바람 소리만 장례행렬처럼 웅성거릴 뿐 아빠의 모습은 보이지 않았다. 엄마와 민희는 할 수 없이 집으로 돌아와 대문을 들어서는 순간, 민희는 자신의 눈을 의심했다. 폭우가 쏟아지는 지붕 위에 웅크리고 앉아 있는 검은 그림자가 보였다.

"엄마…… 서기 봐……."

아빠는 천둥치는 지붕 위에서 온몸으로 사나운 비를 맞으며 앉아 있었다. 깁스한 팔을 겨우 가누며 빗물이 새는 깨어진 기와 위에 우산을 받치고 있었다. 비바람에 우산이 날아갈까 봐 한손으로 간신히 우산을 붙들고 있는 아빠의 모습이 무척이나 힘겨워 보였다. 민희가 아빠를 부르려고 하자 엄마는 민희 손을 잡았다.

"아빠가 가엾어도 지금은 아빠를 부르지 말자. 너희들과 엄마를 위해서 아빠가 저것마저 하실 수 없다면 더 슬퍼하실 지도 모르잖아."

엄마는 목이 메어 더 이상 말을 잇지 못했다. 민희 얼굴 위로 눈물이 흘러내렸다.

사랑하는 가족들에게 가난을 안겨주고 아빠는 늘 아파했다. 하지만 그날 밤, 아빠는 천둥치는 지붕 위에 앉아 가족들의 가난을 아슬아슬하게 받쳐 들고 있었다. 아빠는 가족들의 지붕이 되려 했던 것이다. 비가 그치고, 새벽이 올 때까지……

설악산 민박집에서

혜원 씨는 무심히 민박집 앞마당을 바라보고 있었다. 민박집 아이 엄마는 마당에서 빨래를 하고 있었다. 다섯 살 쯤 되어 보이는 남자아이는 마당 한쪽에 있는 미끄럼대를 오르고 있었다. 누군가 버리고 간 플라스틱 미끄럼대를 아이 엄마가 주워 온 거라고 했다. 아이가 미끄럼대 계단을 오를 때마다 미끄럼대는 쓰러질 듯 흔들거렸지만 쓰러지진 않았다. 혜원 씨는 기막히게 중심을 잡고 있는 미끄럼대가 신기했다.

아이 엄마가 빨래를 하다말고 혼잣말을 했다.
"이 놈의 고무장갑은 어떤 놈이 만들었어? 손에 물만 조금 묻어도 도대체 들어가질 않아. 이런 걸 사람이 쓰라고 만들어 놓았으니……. 한심하다. 한심해……."
아이 엄마는 짜증을 내며 고무장갑을 땅바닥에 패대기쳤다. 바로 그때 미끄럼대에 앉아 있던 아이도 덩달아 짜증을 부렸다.
"엄마, 이 미끄럼대 고물이야. 여기 앉아 있어도 내려가질 않는단 말이야."

아이는 불만 가득한 얼굴로 엄마를 바라보며 말했다. 아이 엄마는 잔뜩 부아가 난 얼굴로 아이를 향해 소리쳤다.

"이 바보야. 벌거벗은 맨살로 몸이 미끄러지냐. 빤쓰를 입어야지 빤쓰를……. 어서 방에 들어가서 빤쓰 입고 와. 하여간에 누구를 닮아 저렇게 미련한지……."

햇볕 가득한 뜨락에 앉아 그 광경을 지켜보는데 혜원 씨는 슬며시 웃음이 나왔다. 입이 근질근질 했다. 아이 엄마에게 이렇게 말해 주고 싶었다.

"물 묻은 손으로 고무장갑을 끼는 거나, 빤쓰 입지 않고 미끄럼대를 타는 거나 거기가 거기네요. 킥킥킥."

하늘도 푸르고 햇볕도 따사로워 혜원 씨는 입을 꼭 다물고 있었다.

사명선언문

너희가 흠이 없고 순전하여……세상에서 그들 가운데 빛들로
나타내며 생명의 말씀을 밝혀 _ 빌 2:15-16

1. 생명을 담겠습니다
만드는 책에 주님 주신 생명을 담겠습니다.
그 책으로 복음을 선포하겠습니다.

2. 말씀을 밝히겠습니다
생명의 근본은 말씀입니다.
말씀을 밝혀 성도와 교회의 성장을 돕겠습니다.

3. 빛이 되겠습니다
시대와 영혼의 어두움을 밝혀 주님 앞으로 이끄는
빛이 되는 책을 만들겠습니다.

4. 순전히 행하겠습니다
책을 만들고 전하는 일과 경영하는 일에 부끄러움이 없는
정직함으로 행하겠습니다.

5. 끝까지 전파하겠습니다
모든 사람에게, 땅 끝까지, 주님 오시는 그날까지
복음을 전하는 사명을 다하겠습니다.

서점 안내

광화문점 서울시 종로구 새문안로 69 구세군회관 1층
02)737-2288 / 02)737-4623(F)

강남점 서울시 서초구 신반포로 177 반포쇼핑타운 3동 2층
02)595-1211 / 02)595-3549(F)

구로점 서울시 동작구 시흥대로 602, 3층 302호
02)858-8744 / 02)838-0653(F)

노원점 서울시 노원구 동일로 1366 삼봉빌딩 지하 1층
02)936-7979 / 02)3391-0109(F)

일산점 경기도 고양시 일산서구 중앙로 1391 레이크타운 지하 1층
031)916-8787 / 031)916-8788(F)

의정부점 경기도 의정부시 청사로47번길 12 성산타워 3층
031)845-0600 / 031)852-6930(F)

인터넷서점 www.lifebook.co.kr

연탄

나를 전부라도 태워
님의 시린 손 녹여줄 따뜻한 사랑이 되고 싶었습니다.
그리움으로 충혈된 눈 파랗게 비비며
님의 추운 겨울을 지켜드리고 싶었습니다.
그리고 함박눈 펑펑 내리는 날,
님께서 걸어가실 가파른 길 위에 누워
눈보다 더 하얀 사랑이 되고 싶었습니다.